Christoph Menn-Hilger

Die 10 Gebote *heute*

Infos
Materialien
Provokationen

*Arbeitsmaterialien
für die Sekundarstufe*

Verlag an der Ruhr

Impressum

Titel

Die 10 Gebote heute
Infos, Materialien, Provokationen
Arbeitsmaterialien für die Sekundarstufe

Autor

Christoph Menn-Hilger

Illustrationen

Magnus Siemens

Druck

Druckerei Uwe Nolte, Iserlohn

Verlag

Verlag an der Ruhr
Alexanderstraße 54 – 45472 Mülheim an der Ruhr
Postfach 10 22 51 – 45422 Mülheim an der Ruhr
Tel. 02 08/439 54 50 – Fax 02 08/439 54 239
E-Mail: info@verlagruhr.de
www.verlagruhr.de

© **Verlag an der Ruhr 2003**
ISBN 978-3-86072-774-4

**geeignet für
die Altersstufe**

13 14 15 16 17 18 19

**Ein weiterer
Beitrag zum
Umweltschutz:**

*Das Papier, auf das
dieser Titel gedruckt ist, hat
ca. **50% Altpapieranteil,**
der Rest sind **chlorfrei**
gebleichte Primärfasern.*

Inhalt

Inhalt – *Fortsetzung*

5. Gebot:

6. Gebot:

7. Gebot:

8. Gebot:

9. Gebot:

10. Gebot:

Die 10 Gebote

– mega-**out** oder brand**aktuell**?

Die 10 Gebote sind kurz, konkret und für jeden verständlich: *„Du sollst nicht töten, nicht stehlen und auch nicht lügen"* – diese Regeln lernt man schon als kleines Kind. Gleichzeitig erlebt man jeden Tag die Verkehrung dieser Regeln: **Gewalt, Diebstahl, Ehebruch** und **Betrug gehören zum Alltag** und sind Normalität geworden.

Wir müssen uns entscheiden, ob wir in ständiger Angst voreinander oder in Ruhe miteinander leben wollen. Wenn wir uns für das Erstere entscheiden, brauchen wir eine Nahkampfausbildung, Waffen und viel, viel Glück. Bei der zweiten Möglichkeit benötigen wir feste Regeln für das Leben miteinander. Deshalb sind die 10 Gebote aktueller denn je: Sie sprechen sehr deutlich davon, wie ein Leben in Gemeinschaft funktionieren kann. Die Grundidee der 10 Gebote, das friedliche Miteinander der Menschen zu gewährleisten, ist zeitlos und damit immer aktuell, auch wenn das eine oder andere Gebot heutzutage überholt klingen mag.

Hinter vielen Geboten stehen Werte, die sich zu den Grundwerten unserer heutigen Gesellschaft entwickelt haben. Bemerkenswert ist es auch, dass die christlichen Leitlinien in ähnlicher Form von allen Kulturen und Religionen formuliert werden. In allen religiösen Überlieferungen sind sie Garanten für ein friedliches Zusammenleben in einer Gemeinschaft. Diese Arbeitsmappe informiert euch über historische und religiöse Hintergründe (Entstehung, Verbreitung, Überlieferung). Auf diese Weise erfahrt ihr etwas über den ursprünglichen Sinn und Zweck der einzelnen Gebote.

Die Arbeitsblätter provozieren mit aktuellen und gesellschaftsbezogenen Themen und regen euch zur kritischen Diskussion über grundsätzliche ethische Fragen an.

So könnt ihr mit den Materialien arbeiten:

Nach der Einführung mit allgemeinen Informationen und Arbeitsblättern zu den 10 Geboten (S. 6–26) folgen zehn Kapitel – ein Kapitel zu jedem Gebot. Auf dem ersten Arbeitsblatt des jeweiligen Kapitels findet ihr die grundlegenden Infos zu dem Gebot. Deshalb solltet ihr es immer zuerst bearbeiten.

Danach könnt ihr die Reihenfolge der Arbeitsblätter nach Belieben variieren.

Ihr könnt diese Arbeitsmappe auch als Vorlage für einen Stationslauf zum Thema *„Die 10 Gebote"* verwenden. Die erste Station mit den Arbeitsblättern der Einführung ist Pflicht für alle. Danach könnt ihr frei entscheiden, welche Station ihr wann ansteuert (zehn Wahlstationen entsprechen den Kapiteln 1–10).

Möglich sind auch Projekte zu einzelnen Geboten, z.B. zum 9. und 10. Gebot mit dem Leitthema *„Ungerechtigkeit heute".*

Noch ein Hinweis: Bei der Zählung der Gebote gibt es im Judentum und in den christlichen Kirchen unterschiedliche Traditionen. Die hier wiedergegebene Fassung folgt der lutherischen und römisch-katholischen Tradition. Eine andere Zählung ergibt sich dort, wo das Bilderverbot (*„Du sollst dir kein Gottesbild machen."*) gesondert als 2. Gebot aufgeführt wird.

— *Die Redaktion*

5

Gebote im **An-Gebot**

Welche der folgenden 10 Zitate ordnen Sie spontan den 10 Geboten zu, welche nicht?

Angaben in % ▨ richtige Antwort ■ falsche Antwort

Du sollst nicht falsches Zeugnis reden
89

Du sollst deinen Nächsten lieben wie dich selbst
89

Du sollst keine anderen Götter neben mir haben
77

Du sollst den Feiertag heiligen
67

Du sollst vergeben, so wird dir vergeben werden
65

Du sollst den Namen Gottes nicht unnütz gebrauchen
65

Du sollst nicht begehren deines Nächsten Haus
58

Du sollst deine Feinde lieben
50

Du sollst die Schöpfung bewahren
42

Du sollst tolerant sein gegenüber anderen Religionen
39

keine Angabe
1

Das Meinungsforschungsinstitut Emnid führte im Jahr 2002 eine Umfrage zum Thema *„Kennen Sie die 10 Gebote?"* durch.

■ **Führt selbst auch eine Umfrage durch. Fragt eure Freunde, Familien und Bekannten, welche der folgenden 10 Zitate sie den 10 Geboten zuordnen und welche nicht.**

Aussage	Strichliste – Zuordnung zu den 10 Geboten
■ Du sollst nicht falsches Zeugnis reden.	
■ Du sollst deinen Nächsten lieben wie dich selbst.	
■ Du sollst keine anderen Götter neben mir haben.	
■ Du sollst den Feiertag heiligen.	
■ Du sollst vergeben, so wird dir vergeben werden.	
■ Du sollst den Namen Gottes nicht unnütz gebrauchen.	
■ Du sollst nicht begehren deines Nächsten Haus.	
■ Du sollst deine Feinde lieben.	
■ Du sollst die Schöpfung bewahren.	
■ Du sollst tolerant sein gegenüber anderen Religionen.	

■ **Zähle die 10 Gebote nun selbst einmal auf. Bekommst du sie alle zusammen? Frage auch deine Freunde und Familie. Wie viele von ihnen konnten sie auf Anhieb aufsagen?**

6

© Verlag an der Ruhr | Postfach 10 22 51 | 45422 Mülheim an der Ruhr | www.verlagruhr.de

Über die 10 Gebote (1)

*„Ich bin Jahwe, dein Gott,
der dich aus Ägypten geführt hat;
aus dem Sklavenhaus."*

— Ex 20, 2

I.
*Du sollst neben mir keine anderen Götter haben.
Du sollst dir kein Gottesbild machen.*

II.
Du sollst den Namen des Herren, deines Gottes, nicht missbrauchen.

III.
Gedenke des Sabbats: Halte ihn heilig!

IV.
Ehre deinen Vater und deine Mutter.

V.
Du sollst nicht morden.

VI.
Du sollst nicht die Ehe brechen.

VII.
Du sollst nicht stehlen.

VIII.
Du sollst nicht falsch gegen deinen Nächsten aussagen.

IX.
Du sollst nicht nach dem Haus deines Nächsten verlangen.

X.
Du sollst nicht nach der Frau deines Nächsten verlangen, nach seinem Sklaven oder seiner Sklavin, seinem Vieh oder nach irgendetwas, was sein ist.

— *Kurzfassung nach Ex 20, 2–17*

Ursprung der 10 Gebote

Die 10 Gebote wurden den Israeliten nach der Überlieferung des Alten Testaments von Gott am Berg Sinai nach ihrem **Auszug aus Ägypten** verkündet. Das war vor ungefähr 3300 Jahren. Man bezeichnet sie auch als **„Dekalog"**, was aus dem Griechischen kommt und so viel wie *„Zehnwort"* bedeutet. Ursprünglich waren sie wohl auch viel kürzer, sozusagen *„zehn Worte"*, die sich die Menschen leicht merken konnten.

Die 10 Gebote richteten sich in erster Linie an freie, erwachsene Männer, da nur sie zur damaligen Zeit als rechts- und kultfähig galten. Frauen, Sklaven, Kinder, Lohnarbeiter und Nichtisraeliten wurden nicht angesprochen. Aber schon im Volk Israel erlangten die Gebote schnell eine immer weitreichendere Bedeutung und so wurde der Adressatenkreis bereits früh erweitert.

Die 10 Gebote wenden sich an Menschen, die befreit worden sind (Exodus). Sie möchten **Lebensregeln für ein Zusammenleben in Freiheit** sein, die eine Schutzfunktion für das eigene Leben und das der Mitmenschen haben. In ihnen kommt der Wille Gottes zum Ausdruck: Menschen sollen nicht unter Unfreiheit, Ungerechtigkeit und Gewalt leiden. Das verdeutlichen bereits die einleitenden Worte: *„Ich bin Jahwe, dein Gott, der dich aus Ägypten geführt hat; aus dem Sklavenhaus".*

7

Über die 10 Gebote (2)

Neuere Übersetzungen sprechen bevorzugt von *„Zehn Weisungen"*, um deutlich zu machen, dass es hier nicht in erster Linie um Gesetze und damit Gebote und Verbote geht, sondern um **„Wegweiser" für das eigene Leben.** So auch im Hebräischen, der Sprache, in der die 10 Gebote ursprünglich im Alten Testament vorliegen: *„du sollst nicht …"* ist nur die unbeholfene Wiedergabe einer Zeitform, die es im Deutschen so gar nicht gibt. Wörtlich genommen kommt das Futur dieser hebräischen Ausdrucksweise am nächsten, etwa so: *„Wenn der Herr dein Gott ist, dann wirst du nicht …"*

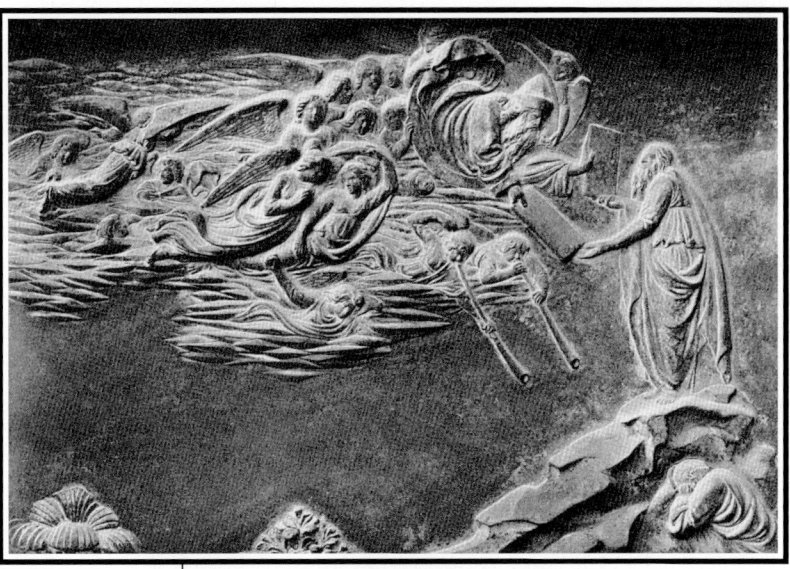

Moses empfängt die Gesetzestafeln, Bronzerelief von Ghiberti

Die 10 Gebote stehen mit einigen Abweichungen in der Formulierung an zwei Stellen in den fünf Büchern Mose: Exodus (2. Buch Mose) 20, 2–17 und Deuteronomium (5. Buch Mose) 5, 6–21. Nach wie vor umstritten ist in der Forschung die Frage, welche Fassung die ältere ist. Unabhängig davon ist es aber bemerkenswert, dass ein so wichtiger Text im Alten Testament in **zwei Versionen** nebeneinander vorliegt, ohne dass größere Angleichungen erfolgt sind.

Die 10 Gebote waren nach biblischen Berichten (Ex 32, 15 und Ex 31, 18) auf zwei Steintafeln beidseitig geschrieben. Der Text selbst gibt dabei aber keinen Hinweis auf eine Verteilung der Gebote auf die Tafeln. Gemäß verschiedener Traditionen enthielt jede Tafel fünf Gebote, bzw. es standen drei auf der ersten *(Gottesliebe)* und sieben auf der zweiten Tafel *(Nächstenliebe)*. Da die Gebote in der Bibel nicht nummeriert sind, haben sich im Laufe der Zeit **verschiedene Zählweisen** herausgebildet.

Die 10 Gebote sind eine der wenigen Offenbarungen im Alten Testament, in der Gott selbst öffentlich von sich spricht. Wegen der Vielschichtigkeit ihrer Aussagen handelt es sich deshalb um die vielleicht **wichtigste Verkündigung des Willens Gottes an die Menschen.**

Auffällig ist die unterschiedliche Länge der Gebote. Das 5., 6. und 7. Gebot (Ex 20, 13–15) bestehen im hebräischen Text je aus nur zwei (!) Wörtern, während das Sabbatgebot mehrere Zeilen umfasst. Hieran wird deutlich, dass die 10 Gebote am Ende einer Entwicklung stehen, die sie in vielen Jahrhunderten durchlaufen haben. Ihren Ausgang hat diese Entwicklung aber nicht, wie früher vermutet wurde, von einem *„Urdekalog"* genommen, sondern von verschiedenen Vorstufen, die ursprünglich wohl sämtlich negativ formuliert waren (vgl. das 3. und 4. Gebot).

Das von Jesus Christus gelehrte **Doppelgebot der Liebe** (Mt 22, 37.39) spiegelt den Aufbau der 10 Gebote wider: *„Du sollst den Herrn, deinen Gott, lieben mit ganzem Herzen, mit ganzer Seele und mit all deinen Gedanken"* (1.–3. Gebot) – und – *„Du sollst deinen Nächsten lieben wie dich selbst"* (4.–10. Gebot) und unterstreicht damit die Bedeutung der 10 Gebote auch für Christen.

1. **Was sind eigentlich Gebote? Wofür braucht man sie? Führt ein Brainstorming in der Gruppe durch und sammelt alles, was euch dazu einfällt, auf einem Plakat oder an der Tafel.**
2. **Nach welchen „Geboten" oder Regeln richtest du dich? Diskutiert gemeinsam.**

8

Gebote und Gesetze (1)

Gebot, n., von **bieten** und **gebieten**

Wichtige Bedeutungen:
1. *Gebot* von *bieten*, beim Kauf und Verkauf und Einsatz im Spiele
2. *Gebot* wie *Gebiet* von *gebieten*, räumlich; Macht und Recht des Gebietens; Herrschergewalt, was *Gebiet* ursprünglich auch bedeutete
3. *Gebot* von *gebieten*, ursprünglich ein bestimmter Befehl oder Auftrag mit weisender, winkender oder drohender Handbewegung; insbesondere kaiserliches, fürstliches, obrigkeitliches Gebot, auch Landgebot, auf dem Landtage beschlossen und für das Land gültig; Gebot der Eltern, des Hausherrn und des Arztes; Gebot Gottes, der Natur und der Kirche

Ursprünglich stammt das deutsche Wort „Gesetz" von dem althochdeutschen Wort „gisezzida" ab, was soviel wie „Festsetzung" bedeutet.

Gesetz, n. Gesetz von **setzen** in seinen verschiedenen Bedeutungen: **festsetzen, bestimmen; absetzen; aufstellen; hinzusetzen; pflanzen**

Wichtige Bedeutungen:
1. allgemein: etwas, was gesetzt oder bestimmt ist; die Bestimmung einer höheren Macht, des Schicksals oder Gottes
2. Gebot Gottes
3. obrigkeitliches Gebot, Verordnung, Erlass
4. die Rechtsfestsetzung
5. Vorschrift, Regel, Norm, Richtschnur, nach der man handeln muss oder handelt
6. feste Regeln, in denen sich die Weltordnung, die Erscheinungen der Natur, die Erzeugnisse der Kunst, die Arbeit und die Ergebnisse der Wissenschaft bewegen und vollziehen
7. als Oberbegriff für die Gesetze als Ganzes

Nach: Deutsches Wörterbuch von Jakob und Wilhelm Grimm. Leipzig 1878.

> „Macht kaputt, was euch kaputt macht!"
> — Ton Steine Scherben, deutsche Rockband, 1970

Punks bei den Chaostagen in Hannover

> „Gesetze macht der Staat. Jeder muss sich daran halten."
> — Chris, 17 Jahre, Schüler, 2003

1. **Vergleiche die Wörterbucheinträge miteinander. Was fällt dir auf?**
   Wo genau liegen die Unterschiede zwischen einem Gebot und einem Gesetz?
2. **Versuche selbst eine Definition für Gebote und Gesetze zu finden.**
   Schaue auch im Lexikon nach.
3. **Führe eine Umfrage zu dem Thema *„Was ist ein Gebot und was ist ein Gesetz?"* unter den Schülern deiner Schule durch. Vergleiche die Antworten mit den Wörterbucheinträgen aus dem 19. Jahrhundert. Was fällt auf?**
4. **„Das gebietet doch schon der reine Menschenverstand!" Was sagt dieser Ausspruch aus? Welche Bedeutung hat hier das Wort „gebieten"?**

9

© Verlag an der Ruhr | Postfach 10 22 51 | 45422 Mülheim an der Ruhr | www.verlagruhr.de

Gebote und Gesetze (2)

Unter Gesetzen versteht man
1. regelhafte Vorgänge in der Natur, Wissenschaft und Gesellschaft **(Naturgesetze)** und
2. verbindliche Verhaltensvorschriften im Bereich der Ethik, des Rechts und der Theologie **(Rechtsgesetze und moralische Gesetze).**

Rechtsgesetze sind **verbindliche Regeln** in einem Staat oder einer Staatengemeinschaft, die von der zuständigen und anerkannten Autorität fest**gesetz**t werden. Die Menschen erklären sich durch ihre Zugehörigkeit zur Gemeinschaft bereit, die darin geltenden Regeln zu befolgen. **Moralische Gesetze** sind durch Traditionen **überlieferte Regeln** und in der Ethik festgesetzte Normen, die von den Menschen freiwillig und meist unbewusst befolgt werden.

Der älteste vollständig überlieferte Gesetzestext ist der **Kodex Hammurapi**, eine Sammlung von Gesetzen des babylonischen Königs Hammurapi (um 1750–1686 v. Chr). Er enthält Vorschriften, die hauptsächlich den Bereich des heutigen Strafrechts betreffen (z. B. Eigentums- und Familienrecht). Grundlage war vor allem das Prinzip der Vergeltung, nach dem Motto „Auge um Auge, Zahn um Zahn". Andererseits gab es aber unter den 282 Paragrafen dieser Gesetzgebung auch bereits sehr fortschrittliche. So waren beispielsweise Strafen für Körperverletzung infolge ärztlicher Behandlungsfehler oder grober Fahrlässigkeit vorgesehen.

Französische Archäologen fanden im Winter 1901/02 eine über 2 m hohe Stele aus Diosit (einen grünlich-schwarzen Stein) mit einer Inschrift des Gesetzestexts.

■ 2,25 m hoher schwarzer Diositstein mit Inschrift des *Kodex Hammurapi* (Louvre, Paris)

Auszug aus dem Kodex Hammurapi

(…) Ich, Hammurapi, der vollkommene König, war für die Untertanen, die mir der Gott Enlil anvertraute und über die mich der Gott Marduk zum Hirten machte, nicht säumig, noch ruhte ich. Friedliche Stätten schuf ich ihnen, drückende Not hielt ich fern und erleichterte ihnen das Leben … Ich behütete sie in meinem Frieden und beschirme sie in meiner Weisheit. Auf dass der Starke den Schwachen nicht bedrücke, der Witwe und der Waise ihr Recht werde, habe ich zu Babylon … meine kostbaren Worte auf einen Denkstein geschrieben und meine Statue als König der Gerechtigkeit aufgestellt.

§ 1: Wenn ein Mann einen anderen der Tötung anklagt, ihn aber dessen nicht überführt, wird der, der ihn angeklagt hat, getötet.

§ 2: Wer bei einem Mordprozess falsches Zeugnis ablegt, wird ebenfalls mit dem Tode bestraft.

(…)

§ 23: Wenn der Räuber nicht ergriffen wird, so gibt der Beraubte das ihm gestohlene Gut vor dem Gotte an, und die Gemeinde sowie der Vorsteher, auf deren Grund und Gemarkung der Raub begangen wurde, ersetzen ihm das entwendete Gut.

(…)

§ 131: Wenn ein Mann seine Frau des Ehebruchs anklagt, sie aber im Beischlaf mit einem anderen Mann nicht ertappt wurde und sie bei Gott schwört, kann sie ungestraft in das Haus ihres Ehemannes zurückkehren.

1. **Nenne Beispiele für Naturgesetze, Rechtsgesetze und moralische Gesetze. Wozu gehören deiner Meinung nach die 10 Gebote?**
2. **Wer hat eigentlich das Sagen in einer Gemeinschaft/Gesellschaft? Wer macht die Gesetze?**
3. **„Die 10 Gebote – der Führerschein fürs Leben in einer Gemeinschaft"** **Was hältst du von diesem Slogan?**
4. **Machen die 10 Gebote eigentlich auch Sinn, wenn man nicht an Gott glaubt?**

© Verlag an der Ruhr │ Postfach 10 22 51 │ 45422 Mülheim an der Ruhr │ **www.verlagruhr.de**

Gebote und Gesetze (3)

§ 1353, Bürgerliches Gesetzbuch (BGB)
Eheliche Lebensgemeinschaft

(1) Die Ehe wird auf Lebenszeit geschlossen. Die Ehegatten sind einander zur ehelichen Lebensgemeinschaft verpflichtet; sie tragen füreinander Verantwortung.

§ 153 Strafgesetzbuch (StGB)
Falsche uneidliche Aussage

(1) Wer vor Gericht oder vor einer anderen zur eidlichen Vernehmung von Zeugen oder Sachverständigen zuständigen Stelle als Zeuge oder Sachverständiger uneidlich falsch aussagt, wird mit Freiheitsstrafe von drei Monaten bis zu fünf Jahren bestraft.

■ Statue der römischen Göttin „Justitia", Personifizierung der Gerechtigkeit

§ 211 Strafgesetzbuch (StGB)
Mord

(1) Der Mörder wird mit lebenslanger Freiheitsstrafe bestraft.
(2) Mörder ist, wer
- aus Mordlust, zur Befriedigung des Geschlechtstriebs, aus Habgier oder sonst aus niedrigen Beweggründen,
- heimtückisch oder grausam oder mit gemeingefährlichen Mitteln oder um eine andere Straftat zu ermöglichen oder zu verdecken,

einen Menschen tötet.

§ 242 Strafgesetzbuch (StGB)
Diebstahl

(1) Wer eine fremde bewegliche Sache einem anderen in der Absicht wegnimmt, die Sache sich oder einem Dritten rechtswidrig zuzueignen, wird mit Freiheitsstrafe bis zu fünf Jahren oder mit Geldstrafe bestraft.
(2) Der Versuch ist strafbar.

1. **Vergleiche diese vier Gesetze mit den 10 Geboten. Was stellst du fest?**
2. **Kannst du weitere Gemeinsamkeiten zwischen der deutschen Gesetzgebung und den 10 Geboten finden?**
3. **Wodurch unterscheidet sich das heutige Strafrecht von dem Prinzip der Vergeltung?**

11

Die 10 Gebote heute

Dein wichtigstes Gebot?

1. **Führt in der Schule, zu Hause oder in eurer Stadt selbst eine Umfrage zu der Frage *„Welches der 10 Gebote ist dir am wichtigsten?"* durch. Erkundigt euch bei den Befragten auch nach den Gründen für ihre Wahl. Warum ist ein bestimmtes Gebot für sie das wichtigste?**
Sammelt die Begründungen auf der Rückseite.
2. **Fragt die Personen auch nach einem Gebot, das ihrer Meinung nach bei den 10 Geboten fehlt, für sie aber sehr wichtig ist.**
Sammelt die Antworten auf einem Extrablatt.

Die Befragten sollen für die Bewertung eine Skala von 1 bis 10 verwenden, aber jede Zahl nur einmal (1: sehr wichtig, 10: völlig unwichtig)! Um die Tabelle auszuwerten, zählt ihr jeweils die Nummern zu jedem Gebot zusammen. Das Gebot mit der kleinsten Zahl ist für die Mehrheit der Befragten das wichtigste, das Gebot mit der höchsten Zahl das unwichtigste. Ihr könnt zur Veranschaulichung auch ein Säulendiagramm erstellen.

Gebote

Gebote	1. Befragter	2. Befragter	3. Befragter	4. Befragter	5. Befragter	6. Befragter
■ Du sollst neben mir keine anderen Götter haben. ■ Du sollst dir kein Gottesbild machen.						
■ Du sollst den Namen des Herrn, deines Gottes, nicht missbrauchen.						
■ Gedenke des Sabbats: Halte ihn heilig!						
■ Ehre deinen Vater und deine Mutter.						
■ Du sollst nicht morden.						
■ Du sollst nicht die Ehe brechen.						
■ Du sollst nicht stehlen.						
■ Du sollst nicht falsch gegen deinen Nächsten aussagen.						
■ Du sollst nicht nach dem Haus deines Nächsten verlangen.						
■ Du sollst nicht nach der Frau deines Nächsten verlangen, nach seinem Sklaven oder seiner Sklavin, seinem Vieh oder nach irgendetwas, was sein ist.						

12

© Verlag an der Ruhr | Postfach 10 22 51 | 45422 Mülheim an der Ruhr | www.verlagruhr.de

Wer **bist du** eigentlich?

„Ich bin Jahwe, dein Gott, der dich aus Ägypten geführt hat; aus dem Sklavenhaus."

— Ex 20, 2

Die Einleitung (Präambel) der 10 Gebote ist kein bloßer Vorspann. Sie ist eine feierliche **Erklärung**: Bevor Gott seinem Volk die Weisungen für ihr Leben gibt, stellt er sich hier als ihr Befreier vor. Von daher begründet er seinen Anspruch auf ihr ganzes Leben und ihren Gehorsam gegenüber seinen Geboten.

1. **Wer ist in deinem Leben befugt, Gebote und Regeln aufzustellen? Überlege, von wem aus deiner Familie, Verwandtschaft, Bekanntschaft, Freundeskreis, Schule, Sportverein usw. du dir warum etwas sagen lässt und fülle die Tabelle in Stichworten aus.**
2. **Vertausche die Personen bzw. die Bereiche in der Tabelle. Was beobachtest du?**
3. **Überlege nun, welche Bedeutung die Präambel der 10 Gebote in dem Zusammenhang hat. Welche Unterschiede/Gemeinsamkeiten bestehen zwischen den 10 Geboten und den sonstigen Regeln und Geboten des Alltags?**

Von wem lasse ich mir was warum sagen?

Von wem?	In welchem Bereich?	Was?	Warum?

13

© Verlag an der Ruhr | Postfach 10 22 51 | 45422 Mülheim an der Ruhr | www.verlagruhr.de

Die 10 Gebote heute

Die **10** Bilder

1. **Ordne die Bilder den 10 Geboten zu.**
2. **Wähle ein Gebot aus und fertige dazu eine Karikatur oder ein Cartoon an.**
3. **Präsentiert eure Bilder in Form eines Ratespiels.**
4. **Findet euch in Zweiergruppen zusammen und stellt ein Gebot eurer Wahl pantomimisch dar. Die anderen raten, um welches Gebot es sich dabei handelt.**

14

Das „Original" in der Bibel

„Dann sprach Gott alle diese Worte: **Ich bin Jahwe, dein Gott, der dich aus Ägypten geführt hat, aus dem Sklavenhaus.**

Du sollst neben mir keine anderen Götter haben. Du sollst dir kein Gottesbild machen und keine Darstellung von irgendetwas am Himmel droben, auf der Erde unten oder im Wasser unter der Erde. Du sollst dich nicht vor anderen Göttern niederwerfen und dich nicht verpflichten, ihnen zu dienen. Denn ich, der Herr, dein Gott, bin ein eifersüchtiger Gott: Bei denen, die mir Feind sind, verfolge ich die Schuld der Väter an den Söhnen, an der dritten und vierten Generation; bei denen, die mich lieben und auf meine Gebote achten, erweise ich Tausenden meine Huld.

Du sollst den Namen des Herrn, deines Gottes, nicht missbrauchen; denn der Herr lässt den nicht ungestraft, der seinen Namen missbraucht.

Gedenke des Sabbats: Halte ihn heilig! Sechs Tage darfst du schaffen und jede Arbeit tun. Der siebte Tag ist ein Ruhetag, dem Herrn, deinem Gott, geweiht. An ihm darfst du keine Arbeit tun: du, dein Sohn und deine Tochter, dein Sklave und deine Sklavin, dein Vieh und der Fremde, der in deinen Stadtbereichen Wohnrecht hat. Denn in sechs Tagen hat der Herr Himmel, Erde und Meer gemacht und alles, was dazugehört; am siebten Tag ruhte er. Darum hat der Herr den Sabbattag gesegnet und ihn für heilig erklärt.

Ehre deinen Vater und deine Mutter, damit du lange lebst in dem Land, das der Herr, dein Gott, dir gibt.

Du sollst nicht morden.

Du sollst nicht die Ehe brechen.

Du sollst nicht stehlen.

Du sollst nicht falsch gegen deinen Nächsten aussagen.

Du sollst nicht nach dem Haus deines Nächsten verlangen.

Du sollst nicht nach der Frau deines Nächsten verlangen, nach seinem Sklaven oder seiner Sklavin, seinem Rind oder seinem Esel oder nach irgendetwas, das deinem Nächsten gehört."

— Ex 20, 1–17

1. Gib jedes Gebot noch einmal mit deinen eigenen Worten wieder.
2. Kennst du andere wichtige religiöse Gebote, Regeln oder Gesetze (z.B. aus der Bibel)? Wenn ja, welche?
3. In welchen Religionen gelten die 10 Gebote so oder in abgewandelter Form? Könnte man die 10 Gebote als „Gesetzbuch der Religionen" bezeichnen?

© Verlag an der Ruhr | Postfach 10 22 51 | 45422 Mülheim an der Ruhr | **www.verlagruhr.de**

Die 10 Gebote heute

Gebote im Koran

„**Vers 22:** Setze nicht neben Allah einen anderen Gott, dass du nicht dasitzest, mit Schimpf bedeckt und hilflos.

Vers 23: Und bestimmt hat dein Herr, dass ihr Ihm allein dienet und dass ihr gegen eure Eltern gütig seid (…).

Vers 24: Und füge dich ihnen unterwürfig aus Barmherzigkeit (…).

Vers 26: Und gib dem Verwandten, was ihm gebührt, und den Armen und dem Sohn des Weges; doch verschwende nicht in Verschwendung.

Vers 27: Siehe, die Verschwender sind die Brüder der Satane, und der Satan war seinem Herrn undankbar.

Vers 28: Und so du dich abwendest von ihnen, im Trachten nach deines Herrn Barmherzigkeit, auf die du hoffst, so sprich doch zu ihnen freundliche Worte.

Vers 29: Und lass deine Hand nicht an deinem Hals gefesselt sein, und öffne sie nicht, so weit du vermagst, so dass du getadelt und verarmt dasitzest.

Vers 30: Siehe, dein Herr gibt reichlich den Unterhalt und bemessen, wem Er will. Siehe, Er kennt und schaut Seine Diener.

Vers 31: Tötet nicht eure Kinder aus Furcht vor Verarmung; Wir wollen sie und euch versorgen. Siehe, ihr Töten ist eine große Sünde.

Vers 32: Und bleibt fern der Hurerei; siehe, es ist eine Schändlichkeit und ein übler Weg.

Vers 33: Und tötet keinen Menschen, den euch Allah verwehrt hat, es sei denn um der Gerechtigkeit willen. Ist aber jemand ungerechterweise getötet, so geben Wir seinem nächsten Anverwandten Gewalt. Doch sei er nicht maßlos im Töten (des Mörders), siehe, er findet Hilfe.

Vers 34: Und bleibt fern dem Gut der Waise, außer zu ihrem Besten, bis sie das Alter der Reife erlangt hat. Und haltet den Vertrag. Siehe, über Verträge werdet ihr zur Rechenschaft gezogen.

Vers 35: Und gebet volles Maß, wenn ihr messet, und wäget mit richtiger Waage; so ist's besser und förderlicher zur Erledigung.

Vers 36: Und fuße nicht auf dem, wovon du kein Wissen hast; siehe, Gehör, Gesicht und Herz, alles wird dafür zur Rechenschaft gezogen.

Vers 37: Und schreite nicht auf der Erde stolz einher; siehe, du kannst die Erde nicht spalten noch die Berge an Höhe erreichen.

Vers 38: Alles dies ist übel vor deinem Herrn und verhasst.

Vers 39: Dies ist von dem, was dir dein Herr an Weisheit offenbarte; und setze neben Allah keinen anderen Gott, sonst wirst du in Dschahannam* geworfen, getadelt und verstoßen."

— aus: *Der Koran, Sure 17. Aus dem Arabischen übersetzt von Max Henning. Einleitung und Anmerkungen von Annemarie Schimmel. Stuttgart 1991, S. 270–272.*

* Dschahannam ist im Islam die Bezeichnung für die Hölle bzw. das Höllenfeuer.

1. **Vergleiche den Textausschnitt aus Sure 17 mit den 10 Geboten der Bibel (Ex 20, 1–7). Notiere die jeweiligen Unterschiede und Gemeinsamkeiten in zwei sich schneidenden Kreisen: Schnittmenge = Gemeinsamkeiten/ äußere Kreisteile = Besonderheiten von Koran bzw. Bibel.**

2. **Wie erklärst du dir die Unterschiede?**
3. **Recherchiere im Internet oder in der Bibliothek, ob es auch in anderen Religionen ähnliche Gebote bzw. Regeln des Zusammenlebens gibt.**

16

Die 10 Gebote heute

Die **10 Gebote** bei **Google**™

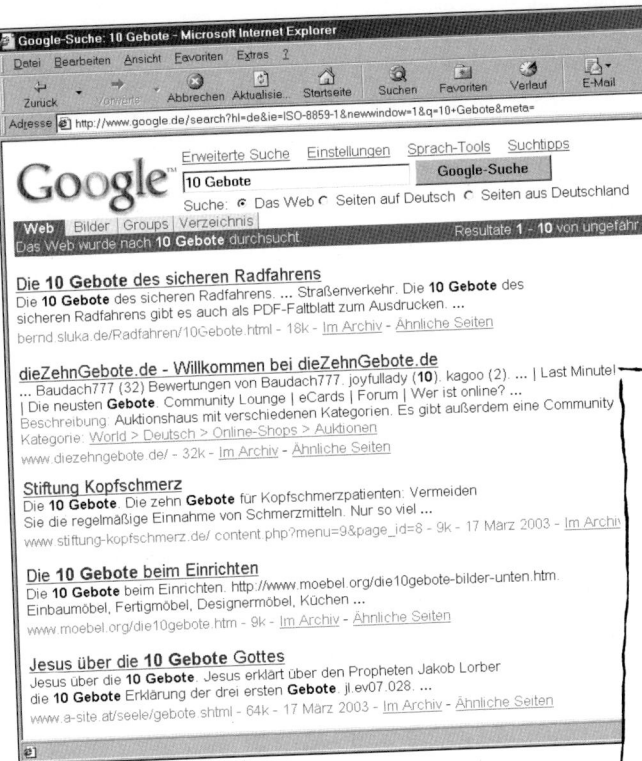

Wenn du in der Internet-Suchmaschine den Begriff „10 Gebote" eingibst, bekommst du etwa 137 000 Treffer.

Die **10 Gebote** des **sicheren Radfahrens**
Die **10 Gebote** für **Kopfschmerzpatienten**
Die **10 Gebote** für **Windows**
Die **10 Gebote** des **Bodens**
Die **10 Gebote** beim **Einrichten**
Die **10 Gebote** auf dem **Verkehrsweg**
Die **10 Gebote** für **Menschen ohne Behinderungen**
Die **10 Gebote** der **Sicherheitstechnik**
Die **10 Gebote** der **gesunden Ernährung**
Die **10 Gebote** für **erfolgreiche Einsteiger**
Die **10 Gebote** des **Sex**
Die **10 Gebote** des **Sozialismus**
Die **10 Gebote** für **Aquarianer**
Die **10 Gebote** für **Dachstein-Wanderer**
Die **10 Gebote** der **Küchenlüftungstechnik**
Die **10 Gebote** für den **Sammyhalter**
Die **10 Gebote** fürs **Internet**
Die **10 Gebote** für **Ehemänner**
Die **10 Gebote** bei **Rheuma**
Die **10 Gebote** für den **Autokauf**
Die **10 Gebote** für **Kaninchenzüchter**
Die **10 Gebote** fürs **Glücklichsein**
Die **10 Gebote** des **Golfsports**
Die **10 Gebote** für den **Datenschutz**
Die **10 Gebote** für **Katzenliebhaber**
Die **10 Gebote** für die **Ehe** ...

1. Gebote, Gebote, überall Gebote! Überlegt, was diese vielen Gebote gemeinsam haben und warum sie aufgestellt wurden bzw. wozu sie dienen. Diskutiert in der Gruppe darüber.
2. Durch welchen Begriff könnte man bei diesen Beispielen das Wort „Gebote" ersetzen? Wie wären die biblischen 10 Gebote zu verstehen, wenn wir sie in diese Liste aufnehmen würden?
3. Die 10 Gebote der Bibel nennt man auch:
    ▸ Wegweiser zur Freiheit
    ▸ Gebrauchsanweisungen für das Leben
    ▸ Eintrittskarte für den Himmel
    ▸ Grundgesetz Gottes
    ▸ Zehn Plagen
    ▸ Spielregeln für die Gesellschaft
    Erläutere jeweils das damit ausgedrückte Verständnis der 10 Gebote! Fallen dir noch weitere Bezeichnungen ein? Welche schlägst du vor?

4. Bildet kleine Gruppen. Jede Gruppe wählt nun einen Bereich aus, in dem sie sich auskennt oder der sie besonders interessiert (z.B. eine Sportart oder eine Freizeitaktivität) und stellt für diesen Bereich selbst 10 Gebote auf.

17

Die 10 Gebote der **Toten Hosen**

Einmal hat Gott der Welt erklärt: Nur ich allein bin der Herr!
ich dulde keine Götter neben mir
du sollst immer nur mich verehren
sprich meinen Namen nicht unnütz aus
quäl dich sechs Tage, bleib am siebten zu Haus
ich schuf den Himmel und die Erde und auch das Meer
einmal in der Woche dankst du mir dafür
ehre deine Eltern, damit du lange lebst
in diesem Land, das der Herr dir gibt

Du sollst nicht töten und du sollst nicht stehlen
und du sollst in der Ehe nicht fremdgehen
du sollst nicht lügen und nichts Falsches erzählen
ein ehrliches, redliches Leben wählen
das Haus und die Frau deines Nächsten nicht begehren
und nichts von dem, was deinem Nächsten gehört

Wenn ich du wär, lieber Gott
und wenn du ich wärst, lieber Gott
glaubst du, ich wäre auch so streng mit dir
wenn ich du wär, lieber Gott
und wenn du ich wärst, lieber Gott
würdest du die Gebote befolgen, nur wegen mir

Gott war verzweifelt, als er sich ansah
seine Kinder haben jeden Tag neu versagt
zur Rettung hat er uns seinen Sohn geschickt
doch der starb umsonst, denn nichts änderte sich
und jede Warnung, jede Drohung, die vom Himmel kam
wurde überhört, von den Schafen des Herrn

Und jeden Tag versagen wir ein weiteres Mal

— Die Toten Hosen: Die 10 Gebote. 1996.

Text: Andreas Frege
© Musik-Edition Discoton GmbH/Edition DTH
(BMG VFA Musikverlage), München

1. **Vergleicht in Zweiergruppen den Songtext mit Ex 20, 1–17. Welche Gebote haben die Toten Hosen in ihrem Lied aufgegriffen? Unterstreiche die Anspielungen und schreibe die Nummer des jeweiligen Gebotes daneben.**
2. **Wie verstehen die Toten Hosen die 10 Gebote? Diskutiert in der Gruppe.**
3. **Was denkst du über diesen Song? Ist es blasphemisch, wenn sich Bands oder andere Künstler mit den 10 Geboten auseinander setzen?**

18

Die 10 Gebote **heute**

Die Bergpredigt

Beim Evangelisten Matthäus (Mt 5–7) findet ihr die bekannte **Bergpredigt von Jesus**. In dieser Rede geht Jesus noch einmal auf die 10 Gebote ein. Sicherlich ist es kein Zufall, dass gerade Matthäus davon berichtet, denn der Adressatenkreis seines Evangeliums bestand vermutlich vornehmlich aus Juden. Diesen waren die 10 Gebote aber bestens bekannt. Was sagt Jesus nun in seiner Zeit über die 10 Gebote des Herrn, die Moses dem Volk Israel übermittelt hat?

Du sollst nicht morden.

Jesus sagt:

„Ihr habt gehört, dass zu den Alten gesagt worden ist: Du sollst nicht töten; wer aber jemand tötet, soll dem Gericht verfallen sein. Ich aber sage euch: Jeder, der seinem Bruder auch nur zürnt, soll dem Gericht verfallen sein; und wer zu seinem Bruder sagt: Du Dummkopf!, soll dem Spruch des Hohen Rates verfallen sein; wer aber zu ihm sagt: Du (gottloser) Narr!, soll dem Feuer der Hölle verfallen sein."

— Mt 5, 21–22

Du sollst nicht die Ehe brechen.

Jesus sagt:

„Ihr habt gehört, dass gesagt worden ist: Du sollst nicht die Ehe brechen. Ich aber sage euch: Wer eine Frau auch nur lüstern ansieht, hat in seinem Herzen schon Ehebruch mit ihr begangen."

— Mt 5, 27–28

Du sollst nicht falsch gegen deinen Nächsten aussagen.

Jesus sagt:

„Ihr habt gehört, dass zu den Alten gesagt worden ist: Du sollst keinen Meineid schwören, und: Du sollst halten, was du dem Herrn geschworen hast. Ich aber sage euch: Schwört überhaupt nicht, weder beim Himmel, denn er ist Gottes Thron, noch bei der Erde, denn sie ist der Schemel für seine Füße. Auch bei deinem Haupt sollst du nicht schwören; denn du kannst kein einziges Haar weiß oder schwarz machen. Euer Ja sei ein Ja, euer Nein ein Nein; alles andere stammt vom Bösen."

— Mt 5, 33–37

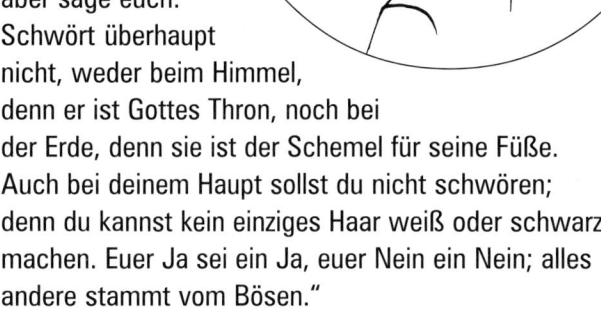

1. Moses und Jesus – zwei gleichberechtigte „Autoritäten"? Wer übertrifft wen? Warum?
2. Wie verfährt Jesus mit den 10 Geboten? Lies dazu noch einmal die gesamte Bergpredigt und auch Mk 2, 23–28! Was bedeutet das für unseren Umgang mit den 10 Geboten heute?
3. Welche zusätzlichen Gebote/Lebensregeln stecken in der Bergpredigt? Teilt die Bergpredigt in verschiedene Abschnitte ein und arbeitet in Gruppen. Jede Gruppe notiert die Gebote ihres jeweiligen Abschnitts in Kurzform. Am Ende sammelt ihr alle gefundenen Gebote und listet sie auf.
4. Sind die Aussagen der Bergpredigt heute noch aktuell? Aktueller als die 10 Gebote?

19

Deine Interpretation der **10 Gebote**

Jesus schaut auf die Absicht Gottes, die hinter den Geboten steckt. Er will keinen blinden Gehorsam, sondern er will die Menschen dazu motivieren, nach dem Sinn der Gebote zu fragen. Die 10 Gebote sollen lebendig bleiben und aktuell werden.

1. **Lies in der Bibel Mk 3, 1–6. Warum heilt Jesus trotz des 3. Gebotes einen Menschen am Sabbat?**
   Lies auch den biblischen Text, der dieser Geschichte voransteht: Mk 2, 23–28.
2. **Wie würdest du die 10 Gebote für dich und deine Umgebung interpretieren und aktualisieren? Schreibe für jedes Gebot auf, was für einen Sinn du darin siehst.**

1) Du sollst neben mir keine anderen Götter haben. Du sollst dir kein Gottesbild machen.

_____

2) Du sollst den Namen des Herren, deines Gottes, nicht missbrauchen.

_____

3) Gedenke des Sabbats: Halte ihn heilig!

_____

4) Ehre deinen Vater und deine Mutter.

_____

5) Du sollst nicht morden.

_____

6) Du sollst nicht die Ehe brechen.

_____

7) Du sollst nicht stehlen.

_____

8) Du sollst nicht falsch gegen deinen Nächsten aussagen.

_____

9) Du sollst nicht nach dem Haus deines Nächsten verlangen.

_____

10) Du sollst nicht nach der Frau deines Nächsten verlangen, nach seinem Sklaven oder seiner Sklavin, seinem Vieh oder nach irgendetwas, was sein ist.

_____

— *Kurzfassung nach Ex 20, 2–17*

20

Die 10 Gebote
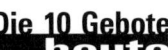

Sinnvolle und sinnlose Regeln

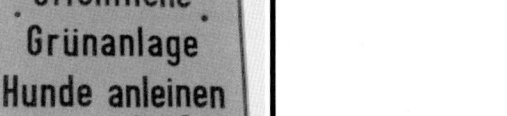

Gebote sind wie ein Zaun:

Sie schützen jeden einzelnen Menschen vor Über-
schreitungen und Übergriffen durch andere und
schränken gleichzeitig die eigene Bewegungsfreiheit
und Handlungsweise ein.

1. **Was denkst du über diese These? Diskutiert
   erst in Zweiergruppen und dann mit der ganzen
   Gruppe.**
2. **Sammelt Gebote, Verbote, Regeln und Gesetze
   aus verschiedenen Bereichen (z.B. Schule,
   Familie, Freundeskreis, Straßenverkehr, Sport,
   Staatswesen usw.) und überlegt, welche
   Gebote für euch persönlich sinnvoll bzw.
   sinnlos sind. Begründe jeweils warum.**
3. **Erstellt eine Tabelle, in der ihr die Verbote und
   Regeln in zwei Kategorien – „schützen uns
   vor"/„hindern uns an" – einteilt.
   Ordnet auch die 10 Gebote in dieses Raster ein.**

**Braucht unsere Gesellschaft überhaupt
Gebote und Regeln?**

Im **chat**room

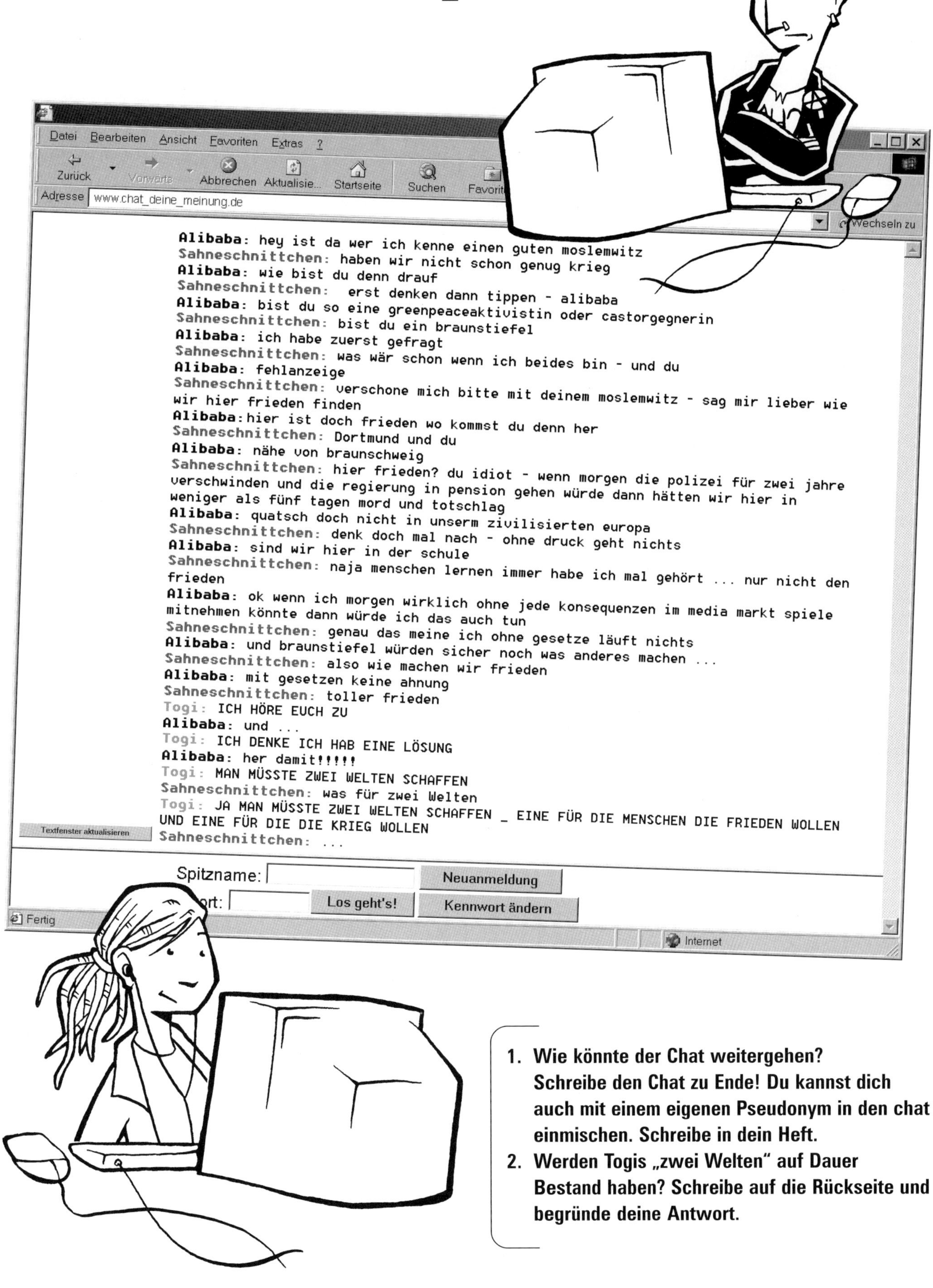

Datei Bearbeiten Ansicht Favoriten Extras ?

Zurück Vorwärts Abbrechen Aktualisie... Startseite Suchen Favorit

Adresse www.chat_deine_meinung.de

Alibaba: hey ist da wer ich kenne einen guten moslemwitz
Sahneschnittchen: haben wir nicht schon genug krieg
Alibaba: wie bist du denn drauf
Sahneschnittchen: erst denken dann tippen - alibaba
Alibaba: bist du so eine greenpeaceaktivistin oder castorgegnerin
Sahneschnittchen: bist du ein braunstiefel
Alibaba: ich habe zuerst gefragt
Sahneschnittchen: was wär schon wenn ich beides bin - und du
Alibaba: fehlanzeige
Sahneschnittchen: verschone mich bitte mit deinem moslemwitz - sag mir lieber wie wir hier frieden finden
Alibaba: hier ist doch frieden wo kommst du denn her
Sahneschnittchen: Dortmund und du
Alibaba: nähe von braunschweig
Sahneschnittchen: hier frieden? du idiot - wenn morgen die polizei für zwei jahre verschwinden und die regierung in pension gehen würde dann hätten wir hier in weniger als fünf tagen mord und totschlag
Alibaba: quatsch doch nicht in unserm zivilisierten europa
Sahneschnittchen: denk doch mal nach - ohne druck geht nichts
Alibaba: sind wir hier in der schule
Sahneschnittchen: naja menschen lernen immer habe ich mal gehört ... nur nicht den frieden
Alibaba: ok wenn ich morgen wirklich ohne jede konsequenzen im media markt spiele mitnehmen könnte dann würde ich das auch tun
Sahneschnittchen: genau das meine ich ohne gesetze läuft nichts
Alibaba: und braunstiefel würden sicher noch was anderes machen ...
Sahneschnittchen: also wie machen wir frieden
Alibaba: mit gesetzen keine ahnung
Sahneschnittchen: toller frieden
Togi: ICH HÖRE EUCH ZU
Alibaba: und ...
Togi: ICH DENKE ICH HAB EINE LÖSUNG
Alibaba: her damit!!!!!
Togi: MAN MÜSSTE ZWEI WELTEN SCHAFFEN
Sahneschnittchen: was für zwei Welten
Togi: JA MAN MÜSSTE ZWEI WELTEN SCHAFFEN _ EINE FÜR DIE MENSCHEN DIE FRIEDEN WOLLEN UND EINE FÜR DIE DIE KRIEG WOLLEN
Sahneschnittchen: ...

Textfenster aktualisieren

Spitzname: [   ] Neuanmeldung
ort: [   ] Los geht's! Kennwort ändern

Fertig Internet

1. **Wie könnte der Chat weitergehen? Schreibe den Chat zu Ende! Du kannst dich auch mit einem eigenen Pseudonym in den chat einmischen. Schreibe in dein Heft.**
2. **Werden Togis „zwei Welten" auf Dauer Bestand haben? Schreibe auf die Rückseite und begründe deine Antwort.**

© Verlag an der Ruhr | Postfach 10 22 51 | 45422 Mülheim an der Ruhr | www.verlagruhr.de

Die **Werte**-Pyramide

Wertetafel

✂

Verantwortung	Ehre
Besitz	Reichtum
Glaube	Ehrlichkeit
Liebe	Freundschaften
Gerechtigkeit	Ausdauer
Mut	Geduld
Frieden	Freiheit
Treue	Vertrauen
Sicherheit	Ehrgeiz
Wissen	Stärke
Leben	Disziplin
Aussehen	Gleichheit
Fantasie	Weisheit
Selbstbeherrschung	Verlässlichkeit

1. Erstellt eine persönliche Wertepyramide. Schneidet die für euch zehn wichtigsten Werte aus der Wertetafel aus und klebt sie nach Wichtigkeit sortiert in die Pyramide.

2. Bildet Vierer- oder Fünfergruppen. Jeder stellt nun seine Wertepyramide in der Gruppe vor und erklärt, warum er diese Werte ausgewählt hat. Dann erstellt jede Gruppe gemeinsam eine Wertepyramide auf einem DIN-A3-Plakat. Achtet bei den Entscheidungen darauf, dass
   ▸ ihr keine Entscheidungen fällt, die euch nicht zusagen,
   ▸ die Entscheidungen ohne Abstimmung erreicht werden,
   ▸ jeder von euch den gefundenen Kompromiss mittragen kann.

3. Die einzelnen Gruppen stellen ihre Pyramiden vor. Dann fertigen alle gemeinsam eine Gruppen-Pyramide an (wieder auf einem DIN-A3-Plakat). Dabei einigen sich alle erneut auf einen Kompromiss.
   Sicherlich war es nicht einfach, euch gemeinsam auf eine Wertepyramide festzulegen. Besprecht in einer Reflexion im Anschluss, wie ihr euch auf einen Konsens geeinigt habt und worin die Schwierigkeiten lagen.

4. Erstellt eine weitere Werte-Pyramide, in der ihr die 10 Gebote einordnet. Vergleicht zum Schluss eure eigene Wertepyramide mit der der 10 Gebote.

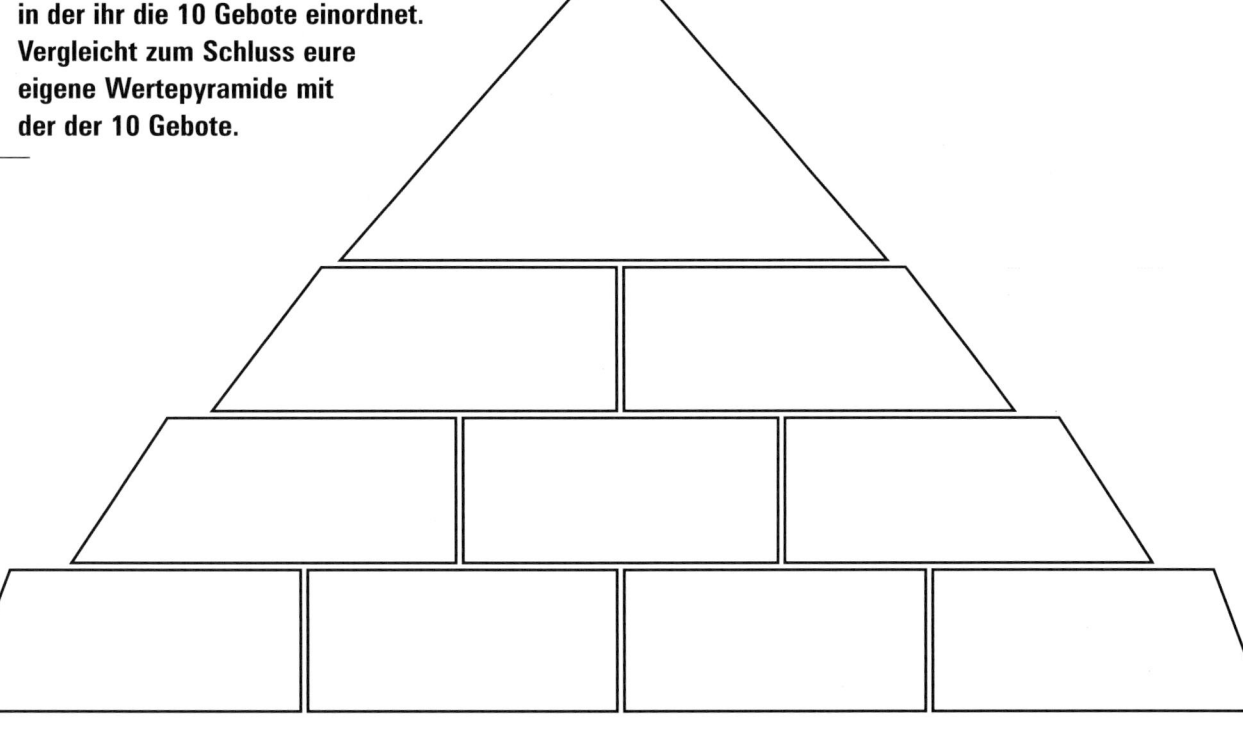

23

© Verlag an der Ruhr │ Postfach 10 22 51 │ 45422 Mülheim an der Ruhr │ **www.verlagruhr.de**

10 Gebote – eine **Erfolg**sgeschichte**?**

Über zwei Jahrtausende hinweg waren die 10 Gebote kultur- und zivilisationsbildend. Gleichzeitig wurden die Religion und der Glaube der Menschen für politische und wirtschaftliche Ziele missbraucht. Auch Kirchenvertreter verstießen im Namen Gottes gegen die 10 Gebote, vor allem gegen das 5. Gebot. Am 12. März 2000, am ersten Fastensonntag des Heiligen Jahres, sprach Papst Johannes Paul II. das sogenannte „Mea Culpa", in dem er um Vergebung für die Sünden der Kirche bittet. Im Folgenden findest du Auszüge aus drei dieser sieben Vergebungsbitten:

„II. Bekenntnis der Schuld im Dienst der Wahrheit

Kardinal Joseph Ratzinger: *Lass jeden von uns zur Einsicht gelangen, dass auch Menschen der Kirche im Namen des Glaubens und der Moral in ihrem notwendigen Einsatz zum Schutz der Wahrheit mitunter auf Methoden zurückgegriffen haben, die dem Evangelium nicht entsprechen. Hilf uns, Jesus Christus nachzuahmen, der mild ist und von Herzen demütig.*

Papst Johannes Paul II.: *Herr, du bist der Gott aller Menschen. In manchen Zeiten der Geschichte haben die Christen Methoden der Intoleranz zugelassen. Indem sie dem großen Gebet der Liebe nicht folgen, haben sie das Antlitz der Kirche, deiner Braut, entstellt. (…)*

V. Schuldbekenntnis für die Verfehlungen gegen die Liebe, den Frieden, die Rechte der Völker, die Achtung der Kulturen und der Religionen

Erzbischof Stefan Fumio Hamao: *Lass die Christen auf Jesus blicken, der unser Herr ist und unser Friede. (…) Manchmal haben sie sich leiten lassen von Stolz und Hass, vom Willen, andere zu beherrschen, von der Feindschaft gegenüber den Anhängern anderer Religionen und den gesellschaftlichen Gruppen, die schwächer waren als sie, wie etwa den Einwanderern und Zigeunern.*

Papst Johannes Paul II.: *Herr der Welt, Vater aller Menschen, durch deinen Sohn hast du uns gebeten, auch den Feind zu lieben, denen Gutes zu tun, die uns hassen, und für die zu beten, die uns verfolgen. Doch oft haben die Christen das Evangelium verleugnet und der Logik der Gewalt nachgegeben. Die Rechte von Stämmen und Völkern haben sie verletzt, deren Kulturen und religiösen Traditionen verachtet: Erweise uns deine Geduld und dein Erbarmen! Vergib uns! Darum bitten wir durch Christus unseren Herrn.*

VI. Bekenntnis der Sünden gegen die Würde der Frau und die Einheit des Menschengeschlechtes

Kardinal Francis Arinze: *Lasst uns für alle beten, die in ihrer menschlichen Würde verletzt und deren Rechte unterdrückt wurden. Lasst uns beten für die Frauen, die allzu oft erniedrigt und ausgegrenzt werden. Wir gestehen ein, dass auch Christen in mancher Art Schuld auf sich geladen haben, um sich Menschen gefügig zu machen.*

Papst Johannes Paul II.: *Herr unser Gott, du bist unser Vater. Du hast den Menschen als Mann und Frau erschaffen, nach deinem Bild und Gleichnis. Die Verschiedenheit der Völker in der Einheit der Menschheitsfamilie hast du gewollt. Doch mitunter wurde die gleiche Würde deiner Kinder nicht anerkannt. Auch die Christen haben sich schuldig gemacht, indem sie Menschen ausgrenzten und ihnen Zugänge verwehrten. Sie haben Diskriminierungen zugelassen auf Grund von unterschiedlicher Rasse und Hautfarbe. (…)"*

— Quelle: www.religionsfreiheit.at/mea-culpa.htm
Dort findet ihr auch den kompletten Text.

1. **Lest die Vergebungsbitten. Für welche Sünden der Kirche bitten die Kardinäle und Papst Johannes Paul II. um Vergebung?**
2. **Findet euch in Gruppen zusammen und entscheidet euch für eines der folgenden Themen: *Kreuzzüge, Missionierung Lateinamerikas, Inquisition, Hexenverfolgung* oder *Waffensegnen*. Recherchiert in der Bibliothek oder im Internet zu eurem Thema und bereitet einen kurzen Vortrag vor.**

24

Die 10 Gebote heute

Die 10 Gebote heute?!

Terrordrohungen in Berlin

17-Jähriger erschießt seinen Vater

Ölkatastrophe an der spanischen Küste

Das Putzfrauen-Massaker

Menschenhandel
Das lukrative Geschäft mit der Prostitution

Jeder Zweite bekennt sich zum Seitensprung

1. Basiert unsere Gesellschaft auf den 10 Geboten?
2. Was könnten die Kirchen deiner Meinung nach tun, um die 10 Gebote heute wieder stärker in den Mittelpunkt unseres Denkens und Handelns zu stellen?
   Sammelt Vorschläge und Ideen in einem Brainstorming.

Wir schreiben das Jahr 2003 n.Chr.
Gott, der Herr, sieht den Zustand der Erde …
Er erinnert die Menschen
an die feierliche Erklärung,
mit der die Israeliten antworteten,
als Moses ihnen die 10 Gebote verkündete.
Sie lautet:
„Alles, was der Herr gesagt hat,
wollen wir tun.".

1. Was könnte Gott zu den Menschen sprechen?
2. Wie würden die Menschen hierauf vielleicht antworten?
3. Beobachte dich selbst ein paar Tage lang. Verstößt du in deinem Alltag bewusst oder unbewusst auch gegen die 10 Gebote? Hast du deswegen Gewissensbisse?
4. Warum? Warum nicht?

25

© Verlag an der Ruhr | Postfach 10 22 51 | 45422 Mülheim an der Ruhr | www.verlagruhr.de

Die 10 Gebote
heute

Werbe**kampagne**
für die **10 Gebote**

Stell dir vor, die christlichen Kirchen planen eine **Werbekampagne** für die 10 Gebote. Ziel der Kampagne soll sein, die 10 Gebote wieder ins Gespräch zu bringen und die Menschen zum Nachdenken zu bewegen. Sie beauftragen dich, 10 Werbeslogans zu den Geboten zu texten. Die Slogans sollen Aufmerksamkeit erregen, die Menschen ansprechen und auch ein bisschen provokativ sein.

■ **Findet euch in kleinen Gruppen zusammen und überlegt, wie die 10 Werbeslogans lauten könnten. Füllt die Sprechblasen aus! Wenn ihr nochmal nachsehen wollt, wie die 10 Gebote lauten, schaut auf S. 7 nach.**

1.

2.

3.

4.

5.

6.

7.

8.

9.

10.

■ **Entwerft nun zu einem Gebot eurer Wahl ein Plakat. Es kann sich kritisch mit dem jeweiligen Gebot auseinander setzen oder dafür Werbung machen. Wenn euch eine Videokamera zur Verfügung steht, könnt ihr auch einen Werbespot drehen. Zum Schluss werden alle Plakate im Raum aufgehängt. Ihr könnt z.B. auch eine Ausstellung veranstalten.**

26

Die 10 Gebote
heute

1. Gebot

Du sollst neben mir
keine anderen Götter haben

**Wie versteht ihr das 1. Gebot? Was bedeutet
es für euch? Überlegt in Gruppen und tragt die
Ergebnisse dann zusammen.**

Das 1. Gebot scheint besonders leicht verständlich zu
sein. Denn wer denkt bei dem Hinweis *„Du sollst
neben mir keine anderen Götter haben"* nicht unmit-
telbar an das Verbot der **Vielgötterei (Polytheismus)**
und damit an die Abgrenzung zu östlichen Weltreligio-
nen wie den Buddhismus, Hinduismus oder Taoismus.
Aber erst 600–500 v.Chr. und damit
Jahrhunderte nach der vermutli-
chen Entstehungszeit des 1. Gebotes (um 1200 v.Chr.), entfaltete
sich bei den Israeliten der Glaube
an den einen wahren Gott.
Dieser **Ein-Gott-Glaube
(Monotheismus)** entwickelte

sich aus dem Polytheismus dadurch, dass bestimmte
Gottheiten in den Hintergrund rückten und zugunsten
des *einen* Gottes nach und nach unwichtig wurden.
Und so will das 1. Gebot *nicht* an erster Stelle den
Monotheismus bekräftigen. – Welche ursprüngliche
Bedeutung hat dann aber das 1. Gebot?

Es heißt, eine **ungeteilte Zuwendung zu diesem Gott**
Israels zu zeigen, weil es keinen wahren Helfer außer
ihm gibt. Und so ist die Forderung, *„keine anderen
Götter neben mir"* zu haben, zu verstehen:
Weil nur Jahwe wirklich helfen kann und
wahrhaftig hilft, ist es sinnlos und aus-
geschlossen, sich an andere wirklose
Götter zu halten, unabhängig davon,
wie viele es auch geben mag.

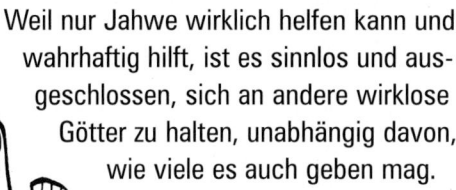

1. **Was verspricht/fordert Gott mit dem
   1. Gebot?**
2. **Hatte Gott Angst vor der Konkurrenz?**

3. **Inwieweit ist das 1. Gebot heute noch aktuell?
   Welche anderen Dinge/„Götter" werden
   heute verehrt? Wie wirken diese anderen
   „vergötterten" Dinge oder Personen? Du kannst
   diese anderen Götter an die Sonne schreiben.**

27

Die 10 Gebote
heute

Keine anderen Götter?
Wieso denn nicht?

1. Nimm zu dieser These Stellung.
2. Informiert euch im Internet oder in der Bibliothek über andere Religionen (Judentum, Islam, Hinduismus, Buddhismus, Taoismus, Naturreligionen usw.). Wie erklärt ihr euch die Vielfalt der Götter in einigen Religionen? Brauchen unterschiedliche Kulturen unterschiedliche Götter? Erkundigt euch auch nach den unterschiedlichen Funktionen der Götter. Haben diese Funktionen etwas mit den Kulturen oder dem Lebensraum der Menschen zu tun? Hat jede polytheistische Religion Götter mit den gleichen Funktionen oder gibt es Unterschiede?
3. Schaut euch auf der Internet-Seite **www.udo-lindenberg.de/die_zehn_gebote. 4287.htm** Udo Lindenbergs Interpretation des 1. Gebots an *(Menschenfamilie – keine anderen Götter? Wieso denn nicht? I, 2001)*. Ihr könnt es auch ausdrucken. Bildet kleine Gruppen und besprecht das Bild. Was fällt euch auf? Wie interpretiert der Künstler das 1. Gebot?

■ Ganesh/Ganesha
Der hinduistische Gott Ganesh oder Ganesha (Indien) ist Glücksgott und Elefantengott. Ganeshas Reittier ist die Ratte, die symbolisiert, dass in jedem noch so kleinen Tier so viel göttliche Energie steckt, dass es sogar einen Elefanten tragen kann.

■ Aphrodite
Die Göttin der Liebe, Schönheit und Verführung aus der griechischen Mythologie. Aphrodite bedeutet wörtlich „die Schaumgeborene" (griech. aphros = Schaum). Der Sage nach ist sie aus dem Schaum des Meeres entstanden. Aphrodite wurde in zahlreichen Kultstätten, vor allem in Korinth, verehrt. Die Römer kannten die Aphrodite als Göttin Venus.

■ Brahma
Der Gott Brahma ist erster und oberster Gott im Hinduismus (Indien). Er wird als erstes Lebewesen auf der Erde und als Schöpfer angesehen. Brahma wird mit vier Köpfen dargestellt, die in alle vier Himmelsrichtungen blicken.

■ Die Katzengöttin Bastet
Katzen wurden im alten Ägypten verehrt, tote Katzen z.T. sogar einbalsamiert und in Särgen aus Holz oder Schilfpflanzen beigesetzt. Den Höhepunkt der Katzenverehrung verkörpert die Göttin Bastet, die auch als Göttin der Liebe und der Freude und als Schutzgöttin von Schwangerschaft und Geburt galt.

■ Bacchus
Der römische Gott der Vegetation, des Weines und des Rausches. Bei den Griechen als Dionysos bekannt. Den Wein soll Bacchus in Indien gefunden haben, als die Erde von selbst Früchte hervorbrachte. Er lehrte die Menschen, die Früchte zu Wein zu keltern.

28

Die 10 Gebote heute

Wer hat **Macht**?

„Keine Macht für Niemand!"
— *Name eines Albums der Rockgruppe „Ton Steine Scherben", 1972.*

Gott verlangt von den Menschen die ungeteilte Zuwendung. Das ist die Aussage des 1. Gebotes. In der Vergangenheit übten Menschen – auch Kirchenvertreter – mithilfe der 10 Gebote immer wieder Macht über andere Menschen aus. Die 10 Gebote dienen aber nicht der Machtausübung, sondern sind „Angebote", die das friedliche Zusammenleben der Menschen sicherstellen wollen.

1. Wie sieht es heute mit der Macht aus? Wer hat Macht über uns? Wen bewundern wir wofür und wem ordnen wir uns unter? Was fällt euch zum Thema „Macht" ein?
Findet euch zu zweit zusammen und sammelt eure Ergebnisse.
2. Erstellt in Kleingruppen eine Collage zum Thema „Macht" und stellt euch gegenseitig eure Ergebnisse vor.

Papst feiert mit 2 Millionen Jugendlichen den Weltjugendtag

+++ INFO +++

Papst Johannes Paul II. hat 1985 erstmals Jugendliche zu einem Weltjugendtag nach Rom eingeladen. Seitdem findet jährlich ein Weltjugendtag statt, der normaler Weise alle 2 Jahre in einer anderen Stadt gefeiert wird.
Mehr Infos gibt's unter: www.weltjugendtag.de

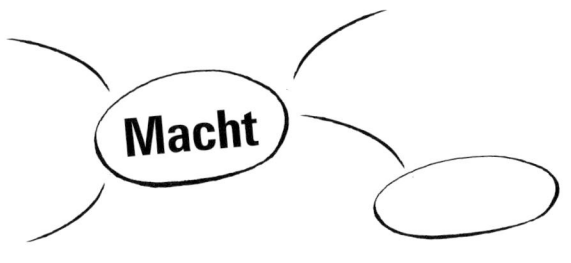

Macht

3. Wie erklärt ihr euch, dass die Kirchen Sonntags immer leerer werden, aber zwei Millionen Jugendliche zum Weltjugendtag nach Rom reisen?
4. Haben der Papst oder andere kirchliche Würdenträger deiner Meinung nach noch Macht über Jugendliche?

29

Die 10 Gebote heute

Prinzen: Millionär

Refrain

Ich wär' so gerne Millionär,
dann wär mein Konto niemals leer.
Ich wär' so gerne Millionär – millionenschwer.
Ich wär' so gerne Millionär.

Geld. Geld. Geld ...

Ich hab' kein Geld, hab' keine Ahnung,
doch ich hab' n großes Maul!
Bin weder Doktor noch Professor,
aber ich bin stinkend faul!
Ich habe keine reiche Freundin
und keinen reichen Freund,
von viel Kohle
hab' ich bisher leider nur geträumt.

Was soll ich tun? Was soll ich machen?
Bin vor Kummer schon halb krank,
hab' mir schon ein paar Mal überlegt,
vielleicht knackst du eine Bank.
Doch das ist leider sehr gefährlich,
bestimmt werd' ich gefasst,
und außerdem bin ich doch ehrlich
und will nicht in den Knast!

Refrain

Es gibt so viele reiche Witwen,
die begehr'n mich sehr.
Sie sind so scharf auf meinen Körper,
doch den geb' ich nicht her.
Ich glaub', das würd' ich nicht verkraften,
um keinen Preis der Welt,
deswegen werd' ich lieber Popstar
und schwimm' in meinem Geld!

Geld. Geld. Geld ...

Refrain

Ahhh ...

Refrain (2x)

Millionär

Die Prinzen: Millionär. 1991.

Text: Sebastian Krumbiegel
© Moderato Musikproduktion GmbH /
George Glueck Musik GmbH, Berlin

1. **Wovon handelt das Lied?**
2. **Kannst du einen Zusammenhang zwischen dem Song und dem 1. Gebot herstellen? Wenn ja, welchen? Schreibe auf die Rückseite.**
3. **Viele Songs beschäftigen sich mit dem Thema anderer und neuer „Götter", z.B. mit Geld, Glück, Liebe, Macht oder dem Schicksal. Bringe einen Song deiner Wahl mit. Stelle ihn den anderen vor und erkläre, welche Zusammenhänge du zum 1. Gebot siehst.**

30

Die 10 Gebote

Krösus und Christus

„Woran dein Herz hängt, das ist dein Gott."
— *Martin Luther, deutscher Theologe und Reformator, 1483–1546*

„Das Geld ist der Gott unserer Zeit."
— *Heinrich Heine, deutscher Dichter, 1797–1856*

Jo Krummacher
Krösus und Christus
Ein Dialog

geld
regiert die welt.
gott auch.
geld
hat man.
gott nie.
geld
stinkt nicht.
o gott!
geld
versteckt sich.
vor gott.
geld
beruhigt.
gott nicht.
geld:
zeit ist geld.
gott: noch!

geld
macht schweigen.
ach gott!
geld
wäscht rein.
nein. gott!
geld
bringt zins.
weiß gott.
geld
führt krieg.
mit gott?
geld
ist hart.
und gott?
geld
klingt.
mein Gott!

— *aus: Heinrich Albertz (Hrsg.): Die Zehn Gebote. Eine Reihe mit Gedanken und Texten. Stuttgart 1988, S. 50.*

1. **Wer war Krösus? Recherchiere in der Bibliothek oder im Internet.**
2. **Spiele verschiedene Lesarten des Dialogs durch, z.B. spaltenweise, zeilenweise, über Kreuz, in 3er-Päckchen oder was dir sonst noch einfällt. Lege dich auf die Lesart fest, die dir am besten gefällt.**

3. **Wo spricht bei deiner Lesart Krösus, wo Christus und wer hat deiner Meinung nach die besseren Argumente? Schreibe in dein Heft.**
4. **Schreibe einen eigenen Rap zum Thema „Gott und Geld".**
5. **Stell dir vor, du bekommst die Möglichkeit, an der Wallstreet eine Rede zu halten. Verfasse sie mit einem Partner zusammen. Beachte dabei auch das 1. Gebot und die Zitate von Luther und Heine.**

Die 10 Gebote heute

© Verlag an der Ruhr | Postfach 10 22 51 | 45422 Mülheim an der Ruhr | www.verlagruhr.de

Du sollst dir **kein** Gottes**bild** machen

Der **Ursprung des Bilderverbots** im Alten Testament ist umstritten. Fest steht, dass zunächst nur das Grundgebot *„Du sollst dir kein Gottesbild machen"* existierte (Ex 20, 4a). Dieses wurde später um den Zusatz „und keine Darstellung von irgendetwas vom Himmel droben, auf der Erde unten oder im Wasser unter der Erde" ausgeweitet (Ex 20, 4b).

Vermutlich bezog sich das Grundgebot auf die Herstellung von geschnitzten, gegossenen oder gemalten Gottesbildern, wie sie beispielsweise in Ägypten üblich waren. Heutige Forscher sind sich aber uneins darüber, warum der Gott des Alten Testaments *(Jahwe)* nicht bildnerisch dargestellt werden durfte und ziehen daraus auch sehr verschiedene Schlüsse. Die einen meinen, das Bilderverbot zeige die besonders **vergeistigte Gottesvorstellung** der Israeliten. Für viele umliegende Völker schien es doch selbstverständlich gewesen zu sein, ihre Götter auf Bildern darzustellen. Andere argumentieren, das Grundgebot solle **den Gott Israels** davor **schützen,** von den Menschen beherrscht zu werden, indem sie sich von ihm sprichwörtlich „ein Bild machen". Wieder andere glauben, das Gebot sei ein Überbleibsel aus der Vergangenheit des Volkes Israels,

als es als Wandervolk (Nomaden) durch die Wüste zog. Da die Israeliten zu dieser Zeit nicht sesshaft waren, hatten sie keine festen Tempel und damit folglich (?) auch keine Gottesbilder.

Interessant ist, dass das Bilderverbot an vielen Stellen im Alten Testament mit dem Verbot der Verehrung fremder Götter, also dem 1. Gebot, verknüpft wird (Ex 20, 4–5; Ex 34,14–17; Lev 19, 4; Dtn 4,16–19). Das heißt, so wie der erste Teil des 1. Gebotes darauf ausgerichtet ist, Gott als einzig wahren Helfer zu wahren, so will der zweite Teil sein Wesen schützen. Gottes andere und unsichtbare Wirklichkeit darf nicht mit einem weltlichen Abbild identifiziert werden, denn Bilder können Gott nie vollständig erfassen. Damit stellt sich der zweite Teil **gegen das Sichtbarmachen des unsichtbaren Gottes.** Trotz dieses Verbots haben Künstler immer wieder versucht, Gott darzustellen.

1. **Führt ein Brainstorming zum Thema „Gottesbilder" durch. Listet auf einem großen Plakat alle Gottesbilder und -darstellungen auf, die euch in Bibel, Kirchen, Museen, Büchern, Filmen usw. begegnet sind. Überlegt, was die einzelnen Bilder über Gott aussagen.**
2. **Welchen Gottesbildern stimmt ihr zu, welche erscheinen euch unangebracht?**
3. **Achtet für einen längeren Zeitraum auf Gottesdarstellungen in eurem Alltag. Wo begegnen sie euch?**
4. **Auch im Islam gibt es ein Bilderverbot. Die Muslime nehmen das immer noch sehr ernst. Es ist verboten, Allah und den Propheten Mohammed darzustellen. Wie ist das in anderen Religionen? Recherchiert im Internet oder in der Bibliothek.**

Dein Gottesbild

1. **Hast du ein Bild von Gott im Kopf?**
   Wenn ja, dann versuche es zu beschreiben.
2. **Vervollständige die folgenden Sätze.**
   - ▶ Ich sehe Gott, wenn …
   - ▶ Für mich ist Gott …
   - ▶ Wenn ich an Gott denke, sehe ich …
3. **Hat sich dieses Bild im Laufe deines Lebens verändert? Wenn ja, wie?**
   Verfasse und zeichne eine Biografie deiner Gottesvorstellung, in der du deine persönlichen Gottesbilder verschiedener Lebensphasen vorstellst und vergleichst.

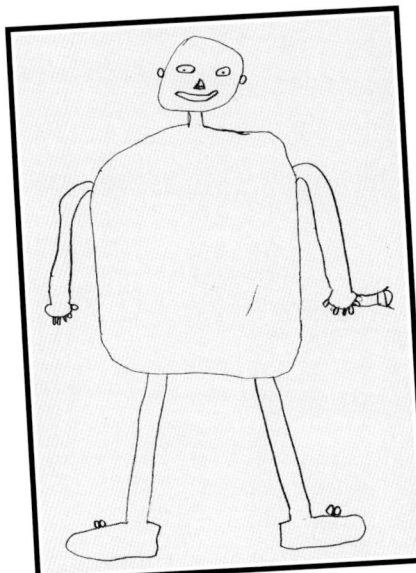

— *Zeichnung von Kilian, 8 Jahre.*
Gott als „Steinalter Mann" (daher ohne Haare),
er ist der „König der Welt" (daher mit Zepter)

— ***Pantokrator*** *(12. Jh.) [griech. > Allherrscher]*
eine wohl im ägyptischen Diasporajudentum
entstandene Bezeichnung für die Universalität
und Allmacht Gottes, die in das Neue Testa-
ment übernommen und von den griechischen
Kirchenvätern auf Christus übertragen wurde.

„Götterversammlung im Olymp"
(um 1730), Pellegrino Tibaldi

33

Bildworte
von Gott

Trotz des Bilderverbots in der Bibel redet das Alte Testament in Bildworten von Gott. Dabei stammen die verwendeten Vergleiche meist aus dem eigenen Erfahrungshorizont der damaligen Menschen. Hier sind einige Beispiele:

„Der Herr ist mein Hirte, nichts wird mir fehlen."
— Ps 23, 1

„Denn bei dir ist die Quelle des Lebens."
— Ps 36,10a

„Du bist meine Huld und Burg, meine Festung, mein Retter, mein Schild, dem ich vertraue."
— Ps 144,2a

„Denn ich bin der Herr, dein Arzt."
— Ex 15, 26b

„Der Herr ist dein Hüter, der Herr gibt dir Schatten; er steht dir zur Seite."
— Ps 121, 5

„Der Herr und Moses redeten miteinander Auge in Auge, wie Menschen miteinander reden."
— Ex 33, 11a

„Denn Gott ist König der ganzen Erde."
— Ps 47, 8a

„Wie eine Mutter ihren Sohn tröstet, so tröste ich euch."
— Jes 66,13a

„Du umschließt mich von allen Seiten und legst deine Hand auf mich."
— Ps 139, 5

1. Schreibe für jedes Zitat auf, womit Gott jeweils verglichen wird, und überlege, warum die Menschen diesen Vergleich angestellt haben.
2. Formuliere eigene, aktuelle Bildworte von Gott.
3. Im Neuen Testament gibt es in den vier Evangelien viele Geheimnisse, die über wichtige „Eigenschaften" Gottes Auskunft geben. Suche ein Beispiel heraus und verfasse hierzu eine moderne Gleichniserzählung, die in einer „BIBEL VON HEUTE" Platz finden könnte.

34

Die 10 Gebote
heute

© Verlag an der Ruhr | Postfach 10 22 51 | 45422 Mülheim an der Ruhr | www.verlagruhr.de

Kirchen – **Kinos** des **Mittelalters?!**

„Du sollst dir kein Gottesbild machen?
Das ist ein unsinniges Gebot, weil gerade die
Kirchen den Menschen Gottesbilder einreden.
So stellt sich doch jeder Gott als alten langbärtigen
Mann mit weißen Haaren vor, oder?!"

— *Alex, 16 Jahre, Schüler*

■ **Altar in der Kirche**
San Giovanni in Laterano, Rom

■ **Die Kirche als Versammlungsort**
– Vatikanische Museen, Rom

Die Kirche als Gebäude war in früheren Jahrhunderten sehr wichtig. Besonders im Mittelalter war sie ein Ort, an dem vor allem die Menschen aus den unteren Schichten ihren tristen Alltag für eine kurze Zeit vergessen konnten. Die prächtige Ausstattung der Kirchen mit farbigen Fresken, kunstvollen Verzierungen und Heiligenstatuen und der in lateinischer Sprache abgehaltenen Liturgie taten ein Übriges. Auf die Menschen musste die ganze Pracht wie der Vorgeschmack auf das Paradies wirken. Dass sie von der Liturgie wenig verstanden, verstärkte nur die theatralische und würdevolle Wirkung des Gottesdienstes. Die Macht der Worte wurde durch die Pracht ringsum unterstrichen und verlieh ihnen einen feierlichen Rahmen.

Die Städte und Gemeinden wetteiferten um die größte und prunkvollste Kirche. Es ging dabei jedoch nicht nur darum, Gott die Ehre zu erweisen. Von der Größe und dem Prunk einer Kirche konnte man Rückschlüsse auf den Wohlstand und damit auf den Einfluss einer Stadt oder Gemeinde ziehen.

Mit dem Fortschreiten der Kunstfertigkeit und der architektonischen Neuerungen wurden auch die Kirchen immer kunstvoller und prächtiger. Die Gotteshäuser der Barockzeit wurden z. B. häufig mit Goldverzierungen, Marmor und Ornamenten ausgestattet.

1. **Kirchen – Kinos des Mittelalters?!**
   Wie könnte das gemeint sein?
2. **Geht in eine Kirche und sucht nach Gottesdarstellungen. Wie wird Gott dargestellt? Gibt es andere Bilder? Was wird dargestellt und wie wird es dargestellt?**
3. **Erkundigt euch nach einer mittelalterlichen Kirche in eurer Umgebung, z.B. bei der Touristeninformation oder bei den Kirchengemeinden. Besucht diese Kirche und vergleicht sie mit einem neuen Kirchengebäude aus den letzten 50 Jahren. Was fällt euch auf?**

© Verlag an der Ruhr | Postfach 10 22 51 | 45422 Mülheim an der Ruhr | **www.verlagruhr.de**

Die 10 Gebote

2. Gebot

Du sollst den **Namen des Herrn,** deines Gottes **nicht missbrauchen**

nomen est omen – der Name ist alles!

Das gilt besonders in der Bibel, in der Namen nicht bloß ein äußeres Erkennungsmerkmal sind, sondern vor allem das **Wesen und die Geschichte einer Sache,** eines Tieres, einer Person oder eines Ortes bezeichnen. So gibt Jakob beispielsweise der Stadt *Lus* den Namen *Bet-El* (übers. „Haus Gottes"), weil ihm in einem Traum deutlich wird, dass ihm an diesem Ort Gott wirklich begegnet ist (Gen 28,19). Umso wichtiger ist der richtige Umgang mit dem **Namen Gottes,** vor allem, weil der Gott Israels seinen Namen selbst offenbart. Der Gottesname darf bei den Juden bis heute nicht ausgesprochen werden. Der hebräische Name für Gott lautet יהוה („JHWH"). Die Bezeichnung „Jahwe" ist der Versuch diesen Namen aussprechbar zu machen. Gott deutet seinen eigenen Namen mit den Worten:

Ich bin der „Ich-bin-da"
— Ex 3,14

Dass Gott sich selbst vorstellt, ermöglicht den Menschen zum einen, Gott anzusprechen. Er setzt sich damit aber auch der Gefahr aus, dass die Menschen seinen Namen missbrauchen. Um das zu verhindern, verlangt das 2. Gebot – wie es wörtlicher übersetzt heißen könnte – „den Namen des Herrn, deines Gottes, nicht zum Schaden zu gebrauchen".

Konkret war damit verboten:

)) Zauberei mit dem Namen Jahwe zu betreiben,

)) Menschen mit Hilfe des Namens Jahwe zu verfluchen,

)) falsche Prophezeihungen zu verkünden, die sich auf den Namen Jahwe berufen, und

)) einen falschen Eid „bei Jahwe" abzulegen.

Später, vor allem nach der ägyptischen Gefangenschaft (1250 v.Chr.), nannten die Menschen Gott zunehmend „Herr" oder „der Name", weil sie sich nicht in die Gefahr begeben wollten, ihn beim Aussprechen zum Schaden zu gebrauchen.

Wenn Juden den Bibeltext laut lesen, sprechen Sie den Gottesnamen nicht aus, sondern sagen entweder „Adonai" (hebr. = mein Herr) oder auch „ha-Schem" (hebr. = der Name). Legenden nach kann derjenige, der die korrekte Aussprache kennt, kraft des Namens Menschen zum Leben erwecken.

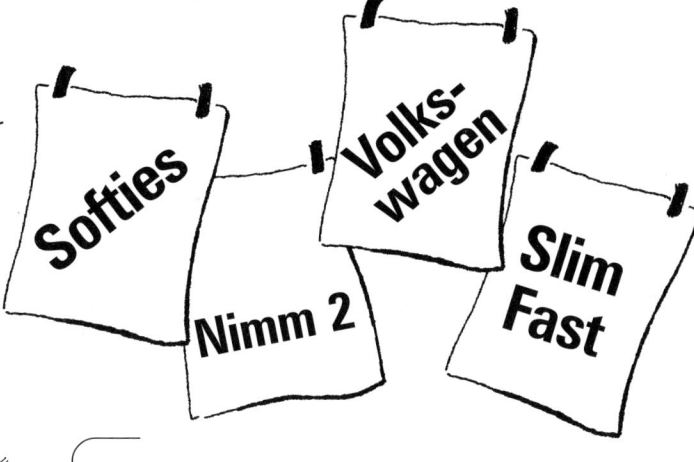

1. **Lies die biblische Geschichte, die von der Mitteilung des Namen Gottes handelt. (Ex 2, 23–4, 18). Gott verkündet in dieser Erzählung auch sein „Programm". Wie verstehst du seine Verkündung? Was verbirgt sich hinter der Erklärung seines Namens?**

2. **Gibt es auch heute Namen, die zugleich „Programm" sind, d. h. die etwas über die Beschaffenheit einer Sache oder das Wesen einer Person aussagen? Finde Beispiele.**

No Name

No-Name-Produkt [ˈnoːˈneːm...] <engl.; lat.>
(neutral verpackte Ware
ohne Marken- oder Firmenzeichen)
— *Duden 2000*

No-Name-Produkte erfreuen sich großer Beliebtheit, denn teurer heißt bei vielen Produkten nicht automatisch besser. Viele Markenhersteller liefern einen Teil ihrer Produktion in anderen Verpackungen an die großen Supermarktketten. Die namenlose Ware hat dann häufig die gleiche Zusammensetzung, ist aber erheblich billiger als das Markenprodukt.

„Ich mach da genaue Unterschiede!
Bei Klamotten muss es schon Marke sein,
aber bei allen Sachen, die man nicht so direkt
sieht, warum nicht. Ein No-Name-Auto,
wenn es das mal geben sollte, würde ich
zum Beispiel nie fahren.“
Simon (Lehrling, 17 Jahre)

Ja!

Denk mit

„Heute ist sowieso
überall das Gleiche drin.
Und nur den Namen bezahlen?
Das sehe ich nicht ein. Also nicht
gerade Weihnachten zum
Verschenken, aber so täglich für mich
greife ich schon bei No-Name mal zu,
vor allem bei Getränken!“
Petra (Industriekauffrau, 34 Jahre)

Kaufen Sie manchmal No-Name-Produkte?

Die Sparsamen

Balea

Tip

aro

„Ehrlich gesagt erst, seitdem mich meine Tochter
darauf aufmerksam gemacht hat. So für uns zu Hause
reicht das oft völlig aus. Mein Enkel besteht aber
immer auf der echten Schokolade.“
Gerda (Rentnerin, 68 Jahre)

„Na, klar. Ohne No-Name-Chips
wär' ich ständig pleite!“
Kevin (Schüler, 15 Jahre)

Euroshopper

1. Was sagt der Name über ein Produkt aus? Wie wichtig ist der Name für ein Produkt?
2. Suche nach Redewendungen oder Sprichwörtern mit dem Begriff „Namen", wie z.B. „sich einen Namen machen", „namhaft sein", usw.
   Erläutere die Redewendungen und erfinde noch weitere.

— *Auszüge aus einer Umfrage am 3. Adventssamstag 2002*
in der Kölner Innenstadt

37

Die 10 Gebote heute

© Verlag an der Ruhr | Postfach 10 22 51 | 45422 Mülheim an der Ruhr | **www.verlagruhr.de**

Das **Unwort** des Jahres

> *„Wer sich über die Untaten aus Fremdenfeindlichkeit empört, der darf die Unworte nicht überhören oder gar selber gebrauchen, die viel zu häufig die Runde machen. Unworte bereiten Untaten den Boden."*
>
> — Bundespräsident Johannes Rau in seiner „Berliner Rede", Mai 2000

■ *„Unworte machen den Weg frei für Untaten."* Erläutere diese These und finde Beispiele.

Seit 1991 kürt eine unabhängige Jury aus Sprachwissenschaftlern und Sprachpraxis-Vertretern, z.B. Journalisten, jedes Jahr das Unwort des Jahres. Alle Bürger können Vorschläge für Wortschöpfungen oder Formulierungen aus der öffentlichen Sprache einsenden, die in dem betreffenden Jahr besonders negativ aufgefallen sind.

Im Jahr 2001 wurde das Wort *„Gotteskrieger"* zum Unwort des Jahres gekürt. Es handelt sich bei diesem Begriff um die Selbst- und Fremdbezeichnung der Taliban und Al Qaida-Terroristen.

Unwörter der Jahre 1991–2002

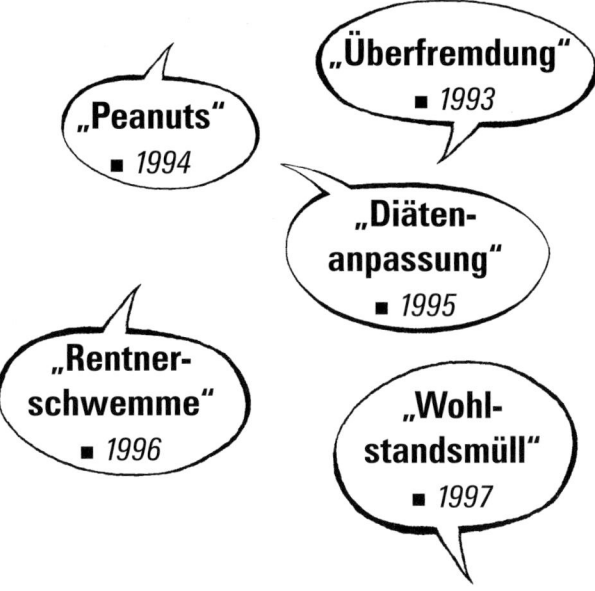

1. Warum ist der Begriff „Gotteskrieger" deiner Meinung nach zum Unwort des Jahres 2001 gewählt worden? Du kannst auf der homepage **www.unwortdesjahres.org** die offizielle Begründung für diese Entscheidung nachlesen.
2. Was hat das Unwort des Jahres 2001 mit dem 2. Gebot zu tun?
3. Informiert euch über die Unwörter der Jahre 1991 bis 2002 und findet heraus, in welchem Zusammenhang sie auftauchten.

4. Wie heißt euer Unwort des Jahres? Sammelt Vorschläge und stimmt am Ende ab. Schickt es mit Quellenangabe und kurzer Begründung an die folgende Adresse eines Jurymitgliedes: *Prof. Dr. Horst D. Schlosser Universität Frankfurt a. M. Grüneburgplatz 1 60629 Frankfurt am Main*

38

Göttliche Werbung?!

Den Namen Gottes nicht zu missbrauchen bedeutet auch, **den Namen nicht für falsche Zwecke einzusetzen.** Religiöse Symbole und Anspielungen auf Gott kommen in unserem Alltag aber immer häufiger vor, z.B. in der Werbung.

)) Die italienische Kleidungsfirma Benetton wirbt mit einer Nonne und einem Priester beim Küssen,

)) VW lässt einen leicht übergewichtigen Hippie über die Frage meditieren „Woher komme ich? Wohin gehe ich? Und warum weiß mein Golf die Antwort? (weil er ein satellitengestütztes Navigationssystem hat)"

)) und die Grünen warben im Wahlkampf 2002 mit dem Slogan „Beckstein würde auch Jesus abschieben."

Es gibt zahlreiche weitere Beispiele. Wörter wie „Gott", „Götter", „göttlich" und „Schöpfer" tauchen in der Werbesprache immer öfter auf und auch ganze Szenen aus der Bibel oder biblische Personen werden eingesetzt, um dem Kunden ein Produkt anzupreisen.

StGB § 166
Beschimpfung von Bekenntnissen, Religionsgesellschaften und Weltanschauungsvereinigungen

(1) Wer öffentlich oder durch Verbreiten von Schriften (§ 11 Abs. 3) den Inhalt des religiösen oder weltanschaulichen Bekenntnisses anderer in einer Weise beschimpft, die geeignet ist, den öffentlichen Frieden zu stören, wird mit Freiheitsstrafe bis zu drei Jahren oder mit Geldstrafe bestraft.

(2) Ebenso wird bestraft, wer öffentlich oder durch Verbreiten von Schriften (§ 11 Abs. 3) eine im Inland bestehende Kirche oder andere Religionsgesellschaft oder Weltanschauungsvereinigung, ihre Einrichtungen oder Gebräuche in einer Weise beschimpft, die geeignet ist, den öffentlichen Frieden zu stören.

1. **Findet weitere Beispiele aus der Werbung. Bringt Anzeigen aus Zeitschriften mit und untersucht sie in Bezug auf folgende Aspekte: Biblische Personen, Motive (z.B. Abendmahl, Arche Noah, Himmel/Hölle usw.) und Zitate. Verdeutlicht die Ergebnisse in Form eines Rankings. Welche Motive, Personen, Zitate kommen am häufigsten vor? Warum?**
2. **Was wollen diese Werbungen dem Kunden vermitteln?**
3. **Werbung mit Gott für Autos, Kleidung, Lebensmittel oder eine Partei – geht das deiner Meinung nach zu weit? Verstößt das gegen den Paragrafen 166 des Strafgesetzbuchs?**
4. **Warum setzen die Werbemacher wohl auf biblische und religiöse Themen?**

Divas Night

Samstag, den 14. Juni 2002
ab 22 Uhr – Breite Str. 4
Divas free entrance

39

© Verlag an der Ruhr | Postfach 10 22 51 | 45422 Mülheim an der Ruhr | **www.verlagruhr.de**

Weltliche **Strafen für** religiöse **Vergehen?**

Schwein am Kreuz: Strafanzeige wegen Beschimpfens religiöser Bekenntnisse

Eine Plattenfirma aus Regensburg bot im Internet ein T-Shirt mit der Abbildung eines an ein Kreuz genagelten Schweines zum Verkauf an. An Stelle der bei Kruzifixen üblichen „INRI"-Aufschrift war das Logo der Punk-Band Wizo abgebildet.

Der Fall ging vor das Oberlandesgericht Nürnberg, wo folgende Entscheidung gefällt wurde: „Die öffentliche Darstellung eines gekreuzigten Schweines ist strafbar. Sie verletzt das religiöse Empfinden gläubiger Christen und ist daher geeignet, den öffentlichen Frieden zu stören. Als öffentlich gilt auch eine allgemein zugängliche Präsentation im Internet." (Beschluß des Oberlandesgerichts Nürnberg vom 23.6.1998) Gegen den Inhaber der Plattenfirma verhängte das Gericht eine Geldstrafe von 90 Tagessätzen (entspricht dem verfügbaren Einkommen von drei Monaten).

— Quelle: Presseinformation Oberlandesgericht Nürnberg

Internet-Seiten in Italien wegen Gotteslästerung gesperrt

Weil sie Gotteslästerungen enthielten, sind fünf Internet-Seiten von der italienischen Polizei gesperrt worden. Die in den USA beheimateten Betreiber der Seiten haben Sprüche und Bilder gegen Gott und die Muttergottes ins Internet gestellt. Zudem hätten sie über das Internet Kleidungsstücke und blasphemische Aufschriften vertrieben. Die Ermittlungen haben sich über zwei Jahre erstreckt (...)

— Quelle: dpa, Juli 2002

Drei Todesurteile in 30 Tagen wegen angeblicher Gotteslästerung

In einem pakistanischen Gerichtshof wurden drei Männer wegen Gotteslästerung zum Tode verurteilt. Einer der Verurteilten, der Christ Anwar Kenneth, bezeichnete sich selbst als „Wiedergeburt Jesu Christi". Das Gericht verzichtete auf die naheliegende psychiatrische Untersuchung. Ein anderer Beschuldigter, ebenfalls Christ, wurde aufgrund von dubiosen Beschuldigungen eines muslimischen Bekannten angeklagt. (...)

— Quelle: Internationale Gesellschaft für Menschenrechte, August 2002

In Deutschland ist Blasphemie (Gotteslästerung) nicht mehr an sich strafbar, sondern nur, wenn dadurch der öffentliche Friede gestört wird.
(Vgl. StGB § 166, S. 38).
Im Jahr 2001 wurden in Deutschland insgesamt 15 Personen wegen sogenannter Religionsdelikte *(§166 und 167)* verurteilt, davon 11 zu Geldstrafen und 4 Personen zu einer Freiheitsstrafe.

1. **Lest die drei Zeitungsausschnitte und vergleicht sie miteinander. Diskutiert über den Umgang mit Blasphemie, bzw. über die unterschiedlichen Strafen in den jeweiligen Ländern. Was haltet ihr für gerechtfertigt, was nicht?**
2. **Sucht auf CD-Covern oder in Musikvideos nach christlichen Symbolen. Welche Symbole tauchen auf und wie werden sie eingesetzt?**

40

Mit Gott in den Krieg?

Oh my name it is nothin'
My age it means less
The country I come from
Is called the Midwest
I's taught and brought up there
The laws to abide
And that land that I live in
Has God on its side.

Oh the history books tell it
They tell it so well
The cavalries charged
The Indians fell
The cavalries charged
The Indians died
Oh the country was young
With God on its side.
(…)

I've learned to hate Russians
All through my whole life
If another war starts
It's them we must fight
To hate them and fear them
To run and to hide
And accept it all bravely
With God on my side.

But now we got weapons
Of the chemical dust
If fire them we're forced to
Then fire them we must
One push of the button
And a shot the world wide
And you never ask questions
When God's on your side.

In a many dark hour
I've been thinkin' about this
That Jesus Christ
Was betrayed by a kiss
But I can't think for you
You'll have to decide
Whether Judas Iscariot
Had God on his side.

So now as I'm leavin'
I'm weary as Hell
The confusion I'm feelin'
Ain't no tongue can tell
The words fill my head
And fall to the floor
If God's on our side
He'll stop the next war.

— *Auszüge aus „With God On Our Side", Bob Dylan, 1963*

Ein Beispiel für Kreuzzugslyrik:

Der Erzengel Gabriel fordert Gottfried von Bouillon zum Kreuzzug auf

XVI … und ihm sagt: „Gottfried! Siehe, die günstige Zeit für den Kampf ist gekommen! Warum wartest du noch, das gefangene Jerusalem zu befreien? Du rufe jetzt die Fürsten zum Rat zusammen und treibe die trägen an, das Werk durchzuführen: Gott setzt dich zum Führer über sie ein, und sie werden dir willig folgen.

XVII Gott sendet mich als Boten; in seinem Namen enthülle ich dir seinen Willen: Welche Hoffnung (hast du jetzt), den Sieg zu erringen! Welchen Eifer gegenüber dem Heer, das dir anvertraut wurde."
— Er schweigt und fliegt wieder in den Himmel zurück in die höchsten und heitersten Höhen. Gottfried bleibt; durch die Worte und den Glanz sind seine Augen geblendet, sein Herz betroffen.
— *Torquato Tasso. Aus dem italienischen Original: „La Gerusalemme liberata", um 1575*

Seit Jahrhunderten sind Krieger und Soldaten mit Gottes Beistand in den Krieg gezogen. Hier findest du zwei lyrische Beispiele, in denen aus ganz unterschiedlichen Perspektiven das Thema angegangen wird.

■ **Auf welcher Seite steht Gott?**

41

3. Gebot

Gedenke des **Sabbats:**
Halte ihn **heilig!**

Der jüdische Sabbat

Der **Sabbat** (von hebr. schawat „**ruhen**") ist der 7. Tag der jüdischen Woche. Er beginnt am Freitag Abend mit Sonnenuntergang und endet am Samstag Abend. An diesem als „**Tag Gottes**" ausgezeichneten Tag sollen alle Geschöpfe ruhen. Zum einen, weil Gott selbst seine Schöpfung mit dem Sabbat vollendete und nach 6 Tagen der Arbeit ruhte und diesen Tag gesegnet hat (Gen 2, 3). Zum anderen, weil dieser Tag die Israeliten an die Befreiung aus der ägyptischen Gefangenschaft und damit an das Ende der Sklavenarbeit erinnerte. Dabei hatte dieser wöchentliche Ruhetag zugleich eine **soziale Dimension**:

Nicht nur reiche Menschen, sondern auch Arme, Sklaven und das Vieh sollten an diesem Tag keine Arbeit verrichten. Als gottgegebener Feiertag ist der Sabbat ein Bekenntnismerkmal, ein **Zeichen der Zusammengehörigkeit** von Gott und seinem Volk. Wer den Sabbat hält, bekennt sich zu Gott!

Es gibt erlaubte und verbotene Tätigkeiten, die das rechte Halten des Ruhetages regeln. So soll man z.B. kein Feuer entzünden, keine Lasten tragen und keine weiten Strecken zu Fuß zurück legen, denn am siebten Tag „darfst du keine Arbeit tun" (Ex 20, 9).

Der christliche Sonntag

Seinen Namen verdankt der Sonntag dem früheren Missverständnis, die Sonne sei ein Planet wie alle anderen Himmelskörper, die uns umgeben. Denn alle Wochentage erhielten in der Spätantike Namen gemäß der Gottheiten der Planeten – so stand der **Planet Sonne** Pate für den Sonntag. Ursprünglich war dieser Sonnen-Tag der 2. Tag der Woche hinter dem Saturn-Tag. Erst später rückte er dann an seine heutige, erste Stelle: Nicht am Montag, sondern am Sonntag beginnt die Woche!

Für die Christen war der erste Wochentag der wichtigste, da sich nach biblischem Zeugnis die Auferstehung Jesu am ersten Tag der Woche ereignet hat (Mk 16,2). An ihm gedachten sie jede Woche der **Auferstehung ihres Herrn**. So tauchte daneben bereits bald die Bezeichnung „**Herrentag**" (Offb 1,10) auf. Das hat sich in vielen Sprachen bis heute durchgesetzt; so sagt man in Italien „domenica", in Spanien „domingo" und in Frankreich „dimanche" zum „Sonntag". Alle diese Bezeichnungen stammen vom lat. Wort „dominus" = „Herr" ab. Erst durch Konstantin den Großen wurde die jüdische Ruhetradition mit dem christlichen Sonntag verbunden. Im Jahre 321 n.Chr. erklärte er den Sonntag zu

einem **gesetzlichen Ruhetag,** und das ist bis heute so geblieben. Damit waren die Weichen gestellt, den christlichen „Herrentag" mit dem 3. Gebot „Gedenke des Sabbats: Halte ihn heilig!" zu verbinden. Wichtig war das Gebot auch für die Arbeiter, denn es garantierte ihnen wenigstens einen freien Tag in der Woche. Alle anderen freien Tage sind erst in gewerkschaftlichen Auseinandersetzungen erkämpft worden. Wer heute sonntags arbeiten muss, bekommt dafür einen anderen Tag frei. Das ist in Deutschland und in vielen anderen Ländern gesetzlich geregelt.

1. **Vergleiche den jüdischen Sabbat mit dem christlichen Sonntag? Wo liegen die Unterschiede, wo die Gemeinsamkeiten?**
2. **Der Sonntag wird immer weniger geheiligt. Entwerft in Gruppen für eine Tageszeitung eine ganzseitige Annonce, die für den Sonntag als Ruhetag Werbung machen möchte.**

42

Der Sabbat **heute**

Der Sabbat ist ein Feiertag und bedeutet für jeden frommen Juden **absolute Arbeitsruhe**. Vor Eintritt des Sabbats mit dem Sonnenuntergang am Freitag Abend müssen alle Vorbereitungen abgeschlossen sein: Die Mahlzeiten müssen bereits gekocht, die Wohnung sollte für den Feiertag sauber und aufgeräumt und die Familienmitglieder sollten zu Ehren des Sabbat festlich gekleidet sein. Gemeinsam geht man in die Synagoge, um dort den Sabbat wie einen besonderen Ehrengast oder eine Braut zu empfangen. Danach isst die Familie gemeinsam zu Abend. Die Mahlzeiten am Sabbat sind festlicher und aufwändiger als die an den übrigen Wochentagen. Alle Aktivitäten, die die Ruhe des Sabbat stören könnten, sind verboten. Ausdrücklich untersagt ist jede Art von Arbeit, lange Wegstrecken zurückzulegen und Feuer zu entzünden. Diese **Sabbat-Vorschriften** gehen zurück auf Gebote, die sich in der hebräischen Bibel, unserem Alten Testament, finden. In Exodus 23, 12 heißt es ausdrücklich:

Sechs Tage kannst du deine Arbeit verrichten, am siebten Tag aber sollst du ruhen (...)

Dieses wird in Exodus 34, 21 noch ergänzt:

„Sechs Tage sollst du arbeiten, am siebten Tage sollst du ruhen; selbst zur Zeit des Pflügens und des Erntens sollst du ruhen."

In Exodus 16, 29 spricht Gott davon, dass niemand seinen Ort verlassen soll:

„Jeder bleibe, wo er ist. Am siebten Tage verlasse niemand seinen Platz."

Dieses Gebot wird im Judentum so ausgelegt, dass man am Sabbat nicht über die Grenzen seines Wohnortes hinaus gehen soll. Eine weitere Sabbatvorschrift geht auf Exodus 35, 3 zurück:

„Am Sabbat sollt ihr in keiner eurer Wohnstätten Feuer anzünden."

Die Mehrheit der Juden hält sich heutzutage nicht mehr strikt an diese Vorschriften.
Strenggläubige, orthodoxe Juden allerdings fahren am Sabbat nicht Auto, betätigen keinen Lichtschalter und bedienen keine elektrischen Geräte wie z.B. Telefon, Computer, Mikrowelle oder Waschmaschine. Denn auch beim Anzünden eines Automotors oder beim Bedienen eines Lichtschalters entsteht ein kleiner Funke. Diese Tätigkeiten verstoßen also strenggenommen auch gegen das biblische Gebot *„Ihr sollt kein Feuer anzünden"*. Das bedeutet aber keineswegs, dass orthodoxe Juden am Sabbat auf den Komfort der modernen Technik verzichten müssten, im Gegenteil: Die meisten orthodoxen Juden benutzen ganz einfach Zeitschaltuhren, die z.B. das Licht Freitagnacht an- und abschalten. In den **Kibbuzim** *(pl. von Kibbuz, kollektive ländliche Siedlung in Israel)*, in denen alle Mitglieder religiös sind und die Sabbatruhe strikt einhalten, werden beispielsweise Kühe am Sabbat von Melkmaschinen automatisch gemolken.

Grundsätzlich gilt, dass ein Menschenleben immer wichtiger ist als jede dieser Vorschriften. In Notfällen dürfen also diese Gebote überschritten werden.

1. **Gibt es einen solchen Feiertag bzw. Ruhetag auch in anderen Religionen (Islam, Buddhismus, Hinduismus)? Recherchiere in der Bibliothek.**
2. **Meint ihr, ihr könntet euch einen ganzen Tag lang an die Sabbat-Gebote halten? Wie sehr müsstet ihr euren normalen Tagesablauf umstellen?**

Die 10 Gebote heute

Feiertag = Freizeittag?

Der Staat sagt:

„Der Sonntag und die staatlich anerkannten Feiertage bleiben als Tage der Arbeitsruhe und der seelischen Erhebung gesetzlich geschützt."

— Artikel 140 Grundgesetz der Bundesrepublik Deutschland

Die Bibel sagt:

„Gedenke des Sabbats: Halte ihn heilig!" Sechs Tage darfst du schaffen und jede Arbeit tun. Der siebte Tag ist ein Ruhetag, dem Herrn, deinem Gott, geweiht.

— Ex 20, 8–10

▬ Das gehört zu meinem Sonntag

- ☐ Fußballplatz
- ☐ Disko
- ☐ Kuchen
- ☐ langes Frühstück mit der ganzen Familie
- ☐ fernsehen
- ☐ grenzenlos shoppen
- ☐ Kirchenlieder
- ☐ Mc Donald's
- ☐ Computer spielen
- ☐ Heilige Kommunion
- ☐ faulenzen
- ☐ Streit
- ☐ Langeweile
- ☐ Oma und Opa
- ☐ Essen gehen
- ☐ Gesellschaftsspiele
- ☐ bummeln
- ☐ rumhängen
- ☐ Hausaufgaben
- ☐ Radio hören
- ☐ Sonntagsbraten

- ☐ Musik hören
- ☐ telefonieren
- ☐ Kirchenbesuch
- ☐ arbeiten
- ☐ Hobbys
- ☐ Briefe schreiben
- ☐ Gemeinsamer Mittagstisch
- ☐ Sonntagsspaziergang
- ☐ Freunde besuchen
- ☐ lange schlafen
- ☐ mit Eltern unterhalten
- ☐ Ausflug
- ☐ beten
- ☐ Videothek
- ☐ Auto waschen
- ☐ endlich Freizeit
- ☐ Musik machen
- ☐ Tierheim besuchen
- ☐ Kino
- ☐ Sonnenstudio
- ☐ lesen

_____

_____

_____

_____

_____

_____

_____

_____

_____

Was sagst du?

1. Was bedeutet für dich der Sonntag? Ist es ein besonderer Tag oder ein Tag wie jeder andere? Notiere in Stichworten, was du mit dem Sonntag verbindest.
2. Kreuze die Begriffe an, die für deinen persönlichen Sonn- und Feiertagsablauf wichtig sind und ergänze sie ggf. mit Hilfe der Leerfelder.

3. Überlege, welche dieser Dinge du sonn-/ feiertags ungern tust und schreibe deinen persönlichen idealen Sonn-/Feiertag-Tagesbericht im Stundenraster in dein Heft (7.00 – 23.00 Uhr).
4. Was wäre, wenn jeder Tag so abliefe?
5. Ist es sinnvoll, einen Tag als freien und besonderen Tag zu „heiligen"?

Ohne Sonntag?

Ohne Sonntag gibt's nur noch Werktage.

— *Aufkleber-Aktion der Evangelischen Kirche in Deutschland*

Plakat der „Sonntagskampagne"
der Evangelischen Kirche in
Deutschland

1. Bildet vier Gruppen. Jede Gruppe versetzt sich in die Rolle einer Interessengruppe: Kirchenvertreter, Konzernvorstand, Verkäufer, Kunden, Politiker. Tragt in jeder Gruppe Argumente für bzw. gegen die Sonntagsarbeit zusammen.
   * *Die Kirchenvertreter sagen …*
   * *Der Konzernvorstand verlangt …*
   * *Die Verkäufer wünschen …*
   * *Die Kunden wünschen …*
   * *Die (lokalen) Politiker geben zu Bedenken …*
   Benennt einen Gruppensprecher und inszeniert eine Podiumsdiskussion zum Thema des Aufklebers.
2. Wer arbeitet sonntags, wer nicht? Fertigt zwei Berufslisten an.

zum Nachdenken:
Die durchschnittliche Lebensarbeitszeit liegt in Deutschland bei 37,5 Jahren (2002). Die durchschnittliche Lebenserwartung bei 74,4 Jahren (m) und 80,6 (w).

Menschen, die sonntags frei haben

* _____
* _____
* _____
* _____
* _____
* _____

Menschen, die sonntags arbeiten

* _____
* _____
* _____
* _____
* _____
* _____

3. Was kann man alles sonntags nicht machen? Fertige eine Liste an. Findest du das positiv oder negativ?
4. Was wäre wenn? Verfasse eine Geschichte, die in der Zukunft spielt und von einem Leben ohne Sonntag handelt.
5. Ladenöffnung auch am Sonntag? Was hältst du davon?

4. Gebot

Ehre deinen **Vater** und deine **Mutter**

Darum Vater und Mutter ehren?

Das 4. Gebot gibt in seinem gesamten Wortlaut eine klare Begründung. Du sollst deinen Vater und deine Mutter ehren, ...

„... damit du lange lebst in dem Land, das der Herr, dein Gott, dir gibt." — *Ex 20, 12*

Ursprünglich war das Gebot nur an Männer gerichtet. Weil Töchter im Gegensatz zu Söhnen in der Regel mit der Heirat das Haus verließen, konnten Eltern von ihren Töchtern im Alter keine Hilfe erwarten. So waren es die Söhne, auf die die Eltern angewiesen waren, wenn es im Alter um Wohnung, Kleidung, Nahrung und zum Schluss um eine würdige Bestattung ging. Aus diesem Grund – und nur aus diesem! – waren Söhne damals von ihren Eltern um soviel höher geschätzt als Töchter. Das Elterngebot, das wie die anderen 9 Gebote an Erwachsene (!) gerichtet ist, wollte also nicht die Autorität der Eltern stärken, sondern die **alt gewordenen Eltern schützen**. Das Gebot hatte damit zunächst eine rein materielle Ausrichtung. In einer Zeit ohne Sozial- und Rentenversicherung war es für das Überleben der Älteren zwingend nötig – und auch üblich – von der nachfolgenden Generation versorgt zu werden.

„Ehren" hieß soviel wie „Helfen". Erst später wurde das Gebot moralisch beladen, an Kinder und Jugendliche adressiert und dazu missbraucht, sie zu unkritischen und angepassten Menschen zu erziehen. Das Ziel war, Konflikte durch übertriebene Autorität zu unterdrücken. Konflikte mit den Eltern gehören aber zu einer gesunden Persönlichkeitsentwicklung dazu. Deshalb darf das 4. Gebot nicht als widerspruchslose Unterordnung unter die Ansichten der Eltern missverstanden werden. Stattdessen soll es die Jugendlichen dazu motivieren, **Verständnis für die andere Generation** aufzubauen.

Die Generation der Erwachsenen hinterlässt den Nachfolgenden eine kaputte Welt: vergiftete Natur, geplünderte Rohstoffe und Krieg. Die jüngere Generation muss sich gegen den Lebensstil der Eltern und Älteren mit ihrer Politik der Ausbeutung und Ressourcenverschwendung auflehnen, um überhaupt überleben zu können. Deshalb: Kinder an die Macht?

■ **Diskutiert diese These gemeinsam.**

46

Die 10 Gebote heute

Hotel Mama

Besser – Billiger – Bequemer

Wenn es bei Joachim Kuhn abends mal etwas später wird, ruft er natürlich zu Hause an. *„Na, klar, weil sonst das Essen kalt wird"*, sagt der 31-Jährige, das gebiete schließlich die Höflichkeit, denn für das Essen auf dem Tisch sorgt bei ihm die Mama. Der selbstständige Steuerberater lebt noch bei seinen Eltern in einem schmucken Reihenhaus in Schwäbisch Gmünd. Jeden Tag fährt er in seine Steuerkanzlei, ins 50 Kilometer entfernte Backnang, und kehrt abends zurück. Dann freut er sich über die Annehmlichkeiten im elterlichen Nest.

Warum er zu Hause wohnt? *„Wenn man es ehrlich sagt, der ganze Service ist schon vorteilhaft."* Mutter mache alles, was, so Kuhn *„bei Vollpension anfällt"*. Die Wäsche liegt für den nächsten Tag gewaschen und gebügelt bereit, das mehrgängige Menü steht auf dem Tisch, der Kühlschrank ist gefüllt. *„Ich habe mein altes Kinderzimmer."* Im Endeffekt sei er dort ja nur zum Schlafen und zum Lernen neuer Steuerrichtlinien.

„Am Wochenende ist es auch mal möglich, dass ich das Zimmer sauge." Bis in diesen Sommer hatte ihm sein Vater Artur als Rentner morgens noch Vesperbrote für die Kanzlei geschmiert. *„Das ist eingestellt worden"*, bedauert Joachim.

Mama macht's ja gern, und die resolute Frau erklärt, wie gut und klug es doch war, dass Joachim während seiner Ausbildung im Elternhaus blieb. *„Diese jungen Leute kriegen sonst Kredite und überschulden sich. Da ist's doch vernünftiger, zu Hause zu bleiben, wo die Kosten überschaubar sind."* Und außerdem verstehen sich Eltern und Sohn, darüber sind sie sich alle einig, *„ganz und gar ausgezeichnet"*.

Das Hotel Mama mit Vollpension und Zimmerservice ist bestens belegt. Und nicht nur hierzulande. Italiens und Spaniens Jugend hält schon aus traditioneller Erziehung alle westlichen Rekorde im Nesthockertum. Exzessiver „Mammismo" hat dazu geführt, dass auch 70 Prozent der unverheirateten italienischen Männer über dreißig noch an Mamas Rockzipfel hängen.

— *Focus, Nr. 50, 9.12.2002, S. 165–167*

Geschlechtsspezifischer Anteil einer Altersgruppe im Jahr 2000, der noch im Haushalt der Eltern lebt

18–19 Jahre	Frauen: 71 %	Männer: 88 %
20–24 Jahre	Frauen: 29 %	Männer: 48 %
25–29 Jahre	Frauen: 5 %	Männer: 15 %
30 Jahre	Frauen: 2 %	Männer: 5 %

— *Focus, Nr. 50, 9.12.2002, S. 165–167*

---

1. Ist dieser Sohn ein besonders guter Sohn im Sinne des 4. Gebotes, wenn er mit 31 Jahren immer noch zu Hause lebt?
2. Schreibe einen Kommentar für die Rubrik „Glaube und Religion" einer Wochenzeitung. Geh auf den Artikel „Hotel Mama" und auf das 4. Gebot ein.
3. Früher war es normal, dass mehrere Generationen unter einem Dach zusammen lebten. Auch nach der Heirat der Kinder blieben die Familien oft zusammen. Überlege dir Argumente für und gegen das Zusammenleben mehrerer Generationen unter einem Dach. Diskutiert dann gemeinsam darüber.
4. Bildet in Gruppen Standbilder, die das 4. Gebot darstellen. Bei einem „Standbild" inszenieren mehrere Schüler unter Anleitung eines „Regisseurs" ein stummes Bild in Form einer Momentaufnahme. Denkt euch Situationen aus dem Alltag, in denen Respekt zwischen Eltern und Kindern besonders deutlich wird. Probiert verschiedene Bilder aus. Wechselt auch den Regisseur. Achtet besonders auf Gesichtsausdrücke, Haltungen, Gesten, Körpersprache usw.

Aus dem Katechismus

Auszug aus dem Katechismus der Katholischen Kirche

Dritter Teil: **Das Leben in Christus**

Zweiter Abschnitt: **Die Zehn Gebote**

Zweites Kapitel: **Du sollst deinen Nächsten lieben wie dich selbst**

Artikel 4: **Das vierte Gebot**

Ehre deinen Vater und deine Mutter (...) weist auf die Ordnung der Liebe hin. Gott hat gewollt, daß wir nach ihm auch unsere Eltern ehren, denen wir das Leben verdanken und die uns den Glauben vermittelt haben. Wir sind verpflichtet, alle zu ehren und zu achten, die Gott zu unserem Wohl mit seiner Autorität ausgestattet hat.

Dieses Gebot ist positiv formuliert; es weist auf Pflichten hin, die zu erfüllen sind. Es leitet über zu den folgenden Geboten, in denen gefordert wird, das Leben, die Ehe, die irdischen Güter anderer und das menschliche Wort zu achten. Es stellt eine Grundlage der Soziallehre der Kirche dar.

Das vierte Gebot (...) schließt auch die Verwandtschaftsbeziehungen mit den übrigen Familienmitgliedern ein. Es verlangt, den älteren Verwandten und den Vorfahren Ehre,

Liebe und Dank zu erweisen. Schließlich erstreckt es sich auch auf die Pflichten der Schüler gegenüber dem Lehrer, der Arbeitnehmer gegenüber dem Arbeitgeber, der Untergebenen gegenüber ihren Vorgesetzten, der Bürger gegenüber ihrem Vaterland und gegenüber denen, die es verwalten und regieren.

Im weiteren Sinn schließt dieses Gebot auch die Pflichten von Eltern, Vormündern, Lehrern, Vorgesetzten, Behörden und Regierungen mit ein, all jener also, die über andere Menschen oder über eine Gemeinschaft Autorität ausüben.

Mit der Befolgung des vierten Gebotes ist eine Belohnung verbunden: „Ehre deinen Vater und deine Mutter, damit du lange lebst in dem Land, das der Herr, dein Gott, dir gibt" (Ex 20, 12). Die Beherzigung dieses Gebotes bringt neben geistlichen auch zeitliche Früchte, nämlich Frieden und Wohlergehen. Die Missachtung dieses Gebotes hingegen zieht schwere Nachteile für menschliche Gemeinschaften und Einzelpersonen nach sich."

— *Ecclesia Catholica:
Katechismus der
Katholischen Kirche,
München 1993,
Artikel 2197–2200.*

1. **Wie legt der Katechismus der Katholischen Kirche das 4. Gebot aus?**

2. **Was bedeutet das 4. Gebot für dich ganz persönlich? Wie interpretierst du das Gebot?**

3. **Heute wird das 4. Gebot oft missachtet. Warum ist das deiner Meinung nach so? Liste auf, welche Folgen die Missachtung des 4. Gebotes in unserer Gesellschaft hat.**

48

Du sollst deine Kinder ehren!

Ich höre immer nur: mach dies, mach das, räum auf, kauf ein ... Meine Mutter sitzt den ganzen Tag vor der Glotze. Ich muss mich um die Kleinen kümmern, kochen und nebenbei soll ich auch noch gute Noten haben. Ich kann echt nicht mehr ... Manchmal würde ich am liebsten abhauen!

■ *Nadine, 15 Jahre*

Meine Mutter hat mich direkt nach der Geburt zur Adoption freigegeben. Ich bin im Heim aufgewachsen, zwischendurch war ich bei Pflegefamilien, doch die haben mich immer zurück ins Heim geschickt. Irgendwann werde ich meine Mutter suchen und fragen, warum sie mich weggegeben hat, und natürlich auch, wer mein Vater ist.

■ *Christian, 13 Jahre*

Ich sehe meine Eltern eigentlich fast nie. Sie arbeiten immer. Sie bringen mir zwar immer was mit, aber manchmal wünsche ich mir, dass wir mal etwas zusammen machen, wie eine richtige Familie ...

■ *Nils, 11 Jahre*

Meinen Vater kenne ich nicht. Er hat sich direkt nach meiner Geburt von meiner Mutter getrennt. Jahrelang hat er sich nicht um mich gekümmert. Letztes Jahr hat er dann wieder Kontakt zu meiner Mutter aufgenommen und will jetzt auch mich sehen …

■ *Svenja, 29 Jahre*

Meine Eltern streiten sich nur und denken dabei nie an mich und meine Schwester. Sie sagen immer, dass sie sich scheiden lassen, aber was dann mit uns ist, ist ihnen wohl egal.

■ *Leon, 11 Jahre*

1. Woran liegt es eurer Meinung nach, dass viele Kinder mit ihren Eltern so unzufrieden sind?
2. Berichtet von eigenen Erlebnissen und Erfahrungen mit euren Eltern. In welchen Situationen seid ihr so richtig genervt?
3. Warum gibt es in der Bibel kein Gebot zur Ehrung der Kinder? Wird der jungen Generation damit automatisch nur Schlechtes unterstellt? Findet euch in Gruppen zusammen und stellt 10 Gebote für Eltern auf.
4. Informiert euch über die rechtliche Situation von Kindern in Deutschland. Welche Rechte haben Kinder? Recherchiert im Grundgesetz. Vergleicht diese mit den Rechten von Kindern in anderen Ländern.

5. Gebot

Du sollst **nicht morden**

+ + + INFO + + +

Das alttestamentliche Tötungsverbot ist zu einer Zeit entstanden, als Blutrache und Selbstjustiz noch weit verbreitet waren.

Unter **Blutrache** versteht man, einen Mord mit einem anderen Mord zu vergelten, um so die Ehre einer Familie wiederherzustellen. Sie hat eine lange Tradition und galt als legales Prinzip in einer Zeit ohne allgemeine Gerichte. Die Androhung der Blutrache dient der Prävention und der Vergeltung und damit folgt sie zwei wesentlichen Prinzipien, die auch unser Strafrecht kennzeichnen: Unser heutiges **Strafrecht** setzt sich aus dem **Vergeltungsstrafrecht** und dem **Präventionsstrafrecht** zusammen. Heute sind die Gesetze der Strafverhängung moderner. So wird Tätern in diesem System, nachdem sie ihre Strafe verbüßt haben, meistens noch eine Chance gegeben, sich wieder in die Gesellschaft einzugliedern (**Resozialisierung**).

Die 10 Gebote waren ursprünglich ein Teil des Bundes zwischen Gott und den Israeliten. Das Gebot „du sollst nicht morden" bedeutete also in erster Linie, dass kein Israelit einen anderen töten durfte – Feinde, die die Israeliten bedrohten, wurden getötet ohne dass dies als ein Verstoß gegen das Gebot verstanden wurde.

In unserer heutigen Gesellschaft kann sich kaum jemand vorstellen, einen Menschen zu töten. Das gilt sowohl für das alltägliche Leben, als auch für einen möglichen Krieg. Das Gebot „du sollst nicht morden" gilt für einen Christen heute ohne Ausnahme. Folglich sehen viele junge Männer, die in den Militärdienst einberufen werden, einen Konflikt zwischen dem für sie selbstverständlichen und ausnahmslos geltenden Gebot und ihrer Aufgabe als Soldat.

Der Begriff „morden" hat – so wie er im Alten Testament verstanden wird – zwei Bedeutungsebenen:

)) **Zum einen das absichtliche oder fahrlässige, gewaltsame Töten eines freien Menschen.**
)) **Zum anderen aber auch das indirekte Verursachen oder in Kauf nehmen des Todes eines anderen Menschen.**

■ **Nenne Beispiele für diese zwei Formen des Tötens.**

© Verlag an der Ruhr | Postfach 10 22 51 | 45422 Mülheim an der Ruhr | www.verlagruhr.de

Die 10 Gebote **heute**

Indirektes **Töten**

Knapp 17 % der Weltbevölkerung *(die industrialisierten Regionen Nordamerikas, Europas und Russlands)* verzehren zusammen etwa 60 % des Weltenergieverbrauchs und nehmen zum großen Teil die natürlichen Ressourcen für sich in Anspruch. Sie sind zudem Hauptverursacher der Umweltzerstörung. Gleichzeitig sind fast 830 Millionen Menschen auf der Welt chronisch unterernährt. Alle 5 Sekunden stirbt ein Kind an Hunger oder durch Unterernährung.

— *Prozentangaben nach „Der Fischer Weltalmanach 2003"*

■ **Obdachloser in New York**

■ **Lebenserwartung**

Die zehn Länder mit der **niedrigsten** Lebenserwartung*		Die zehn Länder mit der **höchsten** Lebenserwartung*	
1 Sambia	37	1 Japan	81
2 Simbawe	38	2 Australien	80
3 Malawi	38	3 Schweiz	80
4 Mosambik	38	4 San Marino	80
5 Ruanda	39	5 Schweden	80
6 Botswana	39	6 Italien	80
7 Sierra Leone	39	7 China, Hongkong (SAR)	79
8 Swasiland	40	8 Kanada	79
9 Burundi	41	9 Spanien	79
10 Uganda	43	10 Frankreich	79

* durchschnittliche Lebenserwartung eines Neugeborenen nach den heutigen Sterberaten in Jahren.

■ Quelle: DWS-Datenreport „Weltbevölkerung 2002", Hannover 2002

Familie in der Dominikanischen Republik ■ **vor ihrem Haus**

1. Sammle in der Zeitung, im Fernsehen oder im Internet Beispiele für Formen des „indirekten Tötens heute" und erstelle dazu eine thematische Collage. Bedenke dabei auch die Ursachen der Konflikte und mögliche Lösungsansätze.
2. Stellt die Collagen vor. Formuliert Fragen, Wünsche, Anmerkungen zu den Collagen und verbindet sie zu einer „Klagemauer".

51

Du sollst nicht töten?

Formen direkter oder indirekter Tötung haben in jüngster Vergangenheit immer wieder für Diskussionen gesorgt: Todesstrafe, Sterbehilfe oder Stammzellenforschung werfen die Frage auf, was der Mensch darf und was er sich nicht anmaßen sollte. Für einige ist die Entscheidung ganz klar: Der Mensch sollte Gott nicht ins Handwerk pfuschen.

Der Gouverneur von Illinois George H. Ryan begnadigte im Januar 2003 kurz vor seinem Ausscheiden aus seinem Amt alle Todeskandidaten in dem US-Staat und wandelte ihre Strafen in lebenslange Haft um. „Ich will mit der Todesmaschinerie nicht mehr herumpfuschen", sagte er in einer öffentlichen Stellungnahme in Chicago.

> ■ **Darf der Mensch als Richter über Leben und Tod auftreten?**

Abtreibung ist Frauenrecht

Alle Todeskandidaten in Illinois begnadigt

Du sollst nicht töten?

Texas: Erneute Vollstreckung der Todesstrafe

14jähriger springt vom Hochhaus in den Tod

Niederlande: Parlament erlaubt Sterbehilfe

Deutschland schickt Soldaten nach Afghanistan

ICH BIN GEGEN TIERVERSUCHE – nehmt Kinderschänder

1. Halten sich die Menschen an das 5. Gebot? In welchen Bereichen ist es deiner Meinung nach gerechtfertigt, sich über das 5. Gebot hinwegzusetzen?
2. Bildet Projektgruppen und sucht euch eine der Schlagzeilen aus. Recherchiert zu einem der Themen (Krieg, Todesstrafe, Selbstmord, Sterbehilfe, Abtreibung, Stammzellenforschung) und präsentiert die Informationen den anderen.

Tierschützer sprechen Tieren dasselbe Recht wie Menschen zu.
1. Was haltet ihr von dem Autoaufkleber, der dazu auffordert, Kinderschänder für Versuche zu nehmen?
2. Haben Tiere auch ein Recht darauf, nicht getötet zu werden?
3. Recherchiert im Internet oder bei Tierschutzorganisationen, in welchen Industrien Tierversuche eingesetzt werden.

Die 10 Gebote heute

Kain **gegen** Abel

„Adam erkannte Eva, seine Frau; sie wurde schwanger und gebar Kain. Da sagte sie: Ich habe einen Mann vom Herrn erworben. Sie gebar ein zweites Mal, nämlich Abel, seinen Bruder. Abel wurde Schafhirt und Kain Ackerbauer.

Nach einiger Zeit brachte Kain dem Herrn ein Opfer von den Früchten des Feldes dar; auch Abel brachte eines dar von den Erstlingen seiner Herde und von ihrem Fett. Der Herr schaute auf Abel und sein Opfer, aber auf Kain und sein Opfer schaute er nicht. Da überlief es Kain ganz heiß, und sein Blick senkte sich. Der Herr sprach zu Kain: Warum überläuft es dich heiß, und warum senkt sich dein Blick? Nicht wahr, wenn du recht tust, darfst du aufblicken; wenn du nicht recht tust, lauert an der Tür die Sünde als Dämon. Auf dich hat er es abgesehen, doch du werde Herr über ihn!

Hierauf sagte Kain zu seinem Bruder Abel: Gehen wir aufs Feld! Als sie auf dem Feld waren, griff Kain seinen Bruder Abel an und erschlug ihn. Da sprach der

Eva Adams
KAIN und ABEL

Aus der Reihe Himmlische Krimis

Herr zu Kain: Wo ist dein Bruder Abel? Er entgegnete: Ich weiß es nicht. Bin ich der Hüter meines Bruders? Der Herr sprach: Was hast du getan? Das Blut deines Bruders schreit zu mir vom Ackerboden. So bist du verflucht, verbannt vom Ackerboden, der seinen Mund aufgesperrt hat, um aus deiner Hand das Blut deines Bruders aufzunehmen. Wenn du den Ackerboden bestellst, wird er dir keinen Ertrag mehr bringen. Rastlos und ruhelos wirst du auf der Erde sein.

Kain antwortete dem Herrn: Zu groß ist meine Schuld, als dass ich sie tragen könnte. Du hast mich heute vom Ackerland verjagt, und ich muss mich vor deinem Angesicht verbergen; rastlos und ruhelos werde ich auf der Erde sein, und wer mich findet, wird mich erschlagen. Der Herr aber sprach zu ihm: Darum soll jeder, der Kain erschlägt, siebenfacher Rache verfallen. Darauf machte der Herr dem Kain ein Zeichen, damit ihn keiner erschlage, der ihn finde. Dann ging Kain vom Herrn weg und ließ sich im Land Nod nieder, östlich von Eden."

— *Gen 4, 1–16*

1. Lest in Gruppen die alttestamentliche Geschichte von Kain und Abel.
2. Verfasst eine moderne Version der Kain und Abel-Geschichte.
   Denkt euch passende Berufe bzw. Lebenssituationen für die beiden Brüder aus, die in die heutige Zeit passen.

3. Eure Geschichte könnt ihr auch als Grundlage für einen Krimi benutzen. Schreibt die Geschichte in ein Drehbuch um. In einem Drehbuch gibt es nur Dialoge und Regieanweisungen. Die Regieanweisungen erläutern, in welcher Umgebung eine Szene spielt und wie sich die Schauspieler verhalten. Zum Schluss könnt ihr den Krimi auch inszenieren. Bestimmt einen Regisseur und verteilt die Rollen.

53

kill me

Du sollst nicht töten – auch nicht am Bildschirm?

Der Einfluss von Computerspielen auf die Gewaltbereitschaft von Jugendlichen ist bei Wissenschaftlern umstritten. In der Vergangenheit sind die so genannten Ego-Shooter-Spiele besonders nach Amokläufen (z.B. dem Amoklauf von Erfurt am 26. April 2002) verstärkt in die Diskussion geraten. Ob und wie diese Spiele die Gewaltbereitschaft erhöhen, lässt sich nicht eindeutig sagen. – Während Kritiker meinen, dass durch das wiederholte Morden und das Gemetzel am Bildschirm die Hemmschwelle der Spieler gesenkt wird, behaupten andere Stimmen, dass dabei nicht so einfach von Ursache und Wirkung gesprochen werden kann. Schließlich wird nicht jeder, der Ego-Shooter-Spiele spielt, zum Mörder oder Amokläufer. Vor allem aber die Spieler selbst wehren sich gegen diese – ihrer Meinung nach vereinfachte – Schlussfolgerung:

„… Die Tatsache, dass einige der Amokläufer auf ihrem Rechner „gewaltverherrlichende" Spiele installiert hatten, darf nicht ausreichen, um uns so anzugreifen. Denn es ist auch eine Tatsache, dass 90 % der Amokläufer vor der Tat Brot zu sich nahmen. Aber wird deshalb dieses Nahrungsmittel verboten? …"

— aus: *www.gamer-gegen-terror.de*
Stellungnahme zu der öffentlichen Kritik nach dem Amoklauf von Erfurt

+++ INFO +++

Bei den so genannten Ego-Shooter-Spielen geht es um das gezielte Abschießen bzw. Töten von Personen. Der Spieler „schlägt" sich durch eine virtuelle, sehr brutale Welt. Er muss sich mit allen ihm zur Verfügung stehenden Mitteln zur Wehr setzen und kämpfen – mit Fausthieben, mit Hieb-, Stich- und vor allem auch Schusswaffen. Die Treffer werden möglichst realitätsnah simuliert: mit spritzendem virtuellen Blut, mit abfliegenden Körperteilen oder Schreien der Opfer.

„… wie viele meiner Kollegen bin auch ich der Meinung, dass diese aggressiven Spiele, also auch die Ballerspiele, auch die indizierten, eine wunderbare Sache sind, um Aggressionen abzureagieren und keineswegs dazu verführen, dass man jetzt auf die Straße rennt und irgendwie guckt, wo kann ich Leute umfahren oder abschießen – das ist Quatsch."

— *Daniela N., Inhaberin eines Computershops und Verantwortliche für ein Magazin, aus einem Fernsehbeitrag von 1998 zum Thema „Computerspiele und Gewalt"*

1. **Was ist das deiner Meinung nach Reizvolle an diesen Spielen?**
2. **Informiere dich über die verschiedenen Positionen zu den Ego-Shooter-Spielen und schreibe sie in Form einer Pro-/Kontra-Tabelle auf. Ergänze sie mit deinen eigenen Argumenten. Die nötigen Infos kannst du im Internet z.B. unter den Stichworten „Ego-Shooter"; „Erfurt" finden.**
3. **Viele der Ego-Shooter-Spieler sagen:**
   „Wenn man im Spiel jemanden tötet, kann man seine Aggressionen rauslassen und sich abreagieren. So kann verhindert werden, dass man zum echten Mörder wird."
   Was hältst du von dieser These? Vergleiche dieses Argument mit den Aussagen der Kritiker.
4. **Nach dem Amoklauf von Erfurt im April 2002 und der damals laut gewordenen Kritik an den Ego-Shooter-Spielen sind einige davon etwas abgewandelt worden: Spritzendes Blut wurde grün „eingefärbt", die Schreie der Opfer wurden ausgeblendet. Hältst du diese Maßnahmen für geeignet?**
5. **Nimm in Form eines Kommentars Stellung zu der obigen Überschrift. Beziehe dabei auch das 5. Gebot ein.**

54

6. Gebot

Du sollst **nicht** die **Ehe brechen**

Das 6. Gebot erscheint auf den ersten Blick sehr eindeutig. Dieser Eindruck täuscht aber. Zur Zeit der Entstehung der 10 Gebote **galt eine Frau nach der Heirat als Eigentum des Mannes,** wie das Haus, die Sklaven und das Vieh. Entsprechend war es einem Mann verboten, eine verlobte oder verheiratete Frau zu verführen, da er sonst die **Besitzrechte** eines anderen Mannes missachtete. Und Eigentum hatte zu alttestamentlicher Zeit einen sehr hohen Stellenwert. Mit Ledigen, Geschiedenen oder Witwen durften verheiratete Männern hingegen verkehren. Männern war es nämlich erlaubt, die eigene Ehe zu brechen. Einer verlobten oder verheirateten Frau hingegen war es untersagt; von ihr wurde **ausschließliche Treue** verlangt. Ging sie nach der Verlobung und dem damit verbundenen Erhalt einer Mitgift durch ihren Vater fremd – egal, ob mit einem ledigen, geschiedenen, verwitweten oder verheirateten Mann –, so beging sie Ehebruch. So konnte der Mann nur die fremde, die Frau aber die eigene und fremde Ehe brechen. Ehebrecherinnen wie Ehebrecher wurden mit dem Tode bestraft, meist durch Steinigung.

Das ist für uns heute kaum noch nachvollziehbar, auch nicht vor dem Hintergrund, dass die Ehe im Alten Testament in erster Linie dem **Erhalt und der Weiterführung der Sippe des Mannes** diente, und nicht wie heute der Gründung einer neuen Familie.

Auch die Vorstellung von Ehe hat sich weitgehend geändert. Stand im alttestamentlichen Denken der Aspekt der Versorgung im Vordergrund **(Versorgungsehe),** so wünschen wir uns heute meist doch eine auf gegenseitiger Zuneigung und Liebe basierende Beziehung **(Neigungsehe).** Dazu kommt, dass es heute verschiedene Formen von Lebensgemeinschaften (Ehe, Eingetragene Partnerschaft, Partnerschaft ohne Trauschein), wie auch den frei- oder unfreiwilligen Entschluss gibt, gar nicht in einer Partnerschaft leben zu wollen (Singles).

„Wir müssen also das sechste Gebot weiterentwickeln, so dass es uns heute Wege zeigt, die wir gehen können."
— Jörg Zink, evangelischer Theologe. In: Jörg Zink: Neue Zehn Gebote. Stuttgart 1995, S. 38.

1. **Vergleiche das alttestamentliche Eheverständnis bzw. -recht mit dem heutigen. Was hat sich verändert? Warum?**
2. **Welche Absichten hat das Verbot, die Ehe nicht zu brechen, deiner Meinung nach?**

3. **Führt eine Umfrage durch. Wie viele von euch möchten einmal heiraten und für wie viele von euch ist das 6. Gebot noch wichtig?**
4. **Wie würdet ihr das 6. Gebot weiter entwickeln? Sammelt in einem Brainstorming Vorschläge und Ideen.**

Bis der **Tod** euch scheidet?

Traufragen und Versprechen

Ob bei den Fragen die Anrede „Sie" oder „du" gewählt wird, bleibt der örtlichen Sitte oder dem vorher Vereinbarten überlassen.

*..., willst du ... als deine Ehefrau
aus Gottes Hand annehmen,
sie lieben und ehren,
Freude und Leid mit ihr teilen
und den Bund der Ehe mit ihr treu
   bewahren,
bis der Tod euch scheidet,
so antworte: Ja*
   (Oder: Ja, mit Gottes Hilfe.)

*— Peter Bukowski u.a. (Hrsg.): Reformierte Liturgie.
Gebete und Ordnungen für die unter dem Wort
versammelte Gemeinde, Wuppertal 1999, S. 440–441.*

1. Ist der Satz „bis der Tod euch scheidet" deiner Meinung nach heute noch aktuell?
2. Warum darf erst der Tod eine Ehe scheiden? Welchen praktischen Nutzen hat diese Regelung?
3. Auch heute werden nicht alle Ehen aus Liebe geschlossen. In vielen Kulturen stehen Versorgungsehen und Zwangsverheiratungen auf der Tagesordnung. Wo gibt es heute noch diese Formen der Ehe?
Recherchiere in der Bibliothek und im Internet. Wie unterscheidet sich das Eheverständnis in diesen Kulturen von deinem Eheverständnis?

4. *„Drum prüfe, wer sich ewig bindet."* Wie lange muss man seinen Partner kennen, bevor man ihn heiratet? Fragt Freunde, Familienmitglieder und andere Bekannte unterschiedlicher Generationen. Was fällt euch auf?

Dann lass ich mich eben **scheiden** (1)

Vier von zehn geschlossenen Ehen werden heute in Deutschland wieder geschieden. Einige Paare wollen jedoch auch diesen Schritt mit kirchlichem Beistand gehen und Gottes Segen für die getrennte Zukunft erbitten. Die evangelische Theologin Dr. Mieke Korenhof hat Scheidungs- und Trennungsliturgien veröffentlicht.

Sie reichen von „gewöhnlichen" **Scheidungsliturgien** über Trennungsliturgien nach Gewalterfahrungen in der Ehe bis hin zu speziellen Liturgien für sich trennende lesbische Paare.
Hier sind Auszüge einer Scheidungsliturgie, bei der nur ein ehemaliger Ehepartner anwesend ist:

Teilnehmer/innen:	■ eine geschiedene Frau/ein geschiedener Mann (X)
	■ zwei Freundinnen oder Freunde (F1 und F2), die an der Liturgie beteiligt sind ...
	■ Liturgin oder Liturg (L)
Symbole:	■ eine kleine mit Wasser gefüllte Schale
	■ eine große Schale mit Erde
	■ eine Rose für X und, wenn gewollt, für jedes Kind
Verlauf:	■ Begrüßung
	■ Erinnerung an die Ehevision
	■ Bekräftigung der elterlichen Bindung (wenn Kinder da sind)
	■ Trübung der Vision
	■ Ausgießen des Wassers … in die Erde
	■ Änderung des Namens
	■ Gebet
	■ Segen

▸ **L** „Wir erheben unsere Hände über X (und ihre/seine Kinder), um sie/ihn zu segnen."

▸ **F1** „Mögest du Kraft und Mut finden, dir einen neuen Lebensweg zu bahnen."

▸ **F2** „Freude und Liebe sollen dich begleiten in deinen Beziehungen zu deinen Kindern, in den Freundschaften und in deiner Arbeit."

▸ **L** „Gott sei vor dir, um dir den Weg zur Befreiung zu zeigen. Gott sei hinter dir …"

▸ Alle stellen sich im Kreis auf, die Arme stützend umeinandergelegt, und singen. „Du Gott stützt mich, du Gott stärkst mich, du Gott machst mir Mut."

▸ **L** überreicht **X** und den Kindern jeweils eine Rose.

■ Alle verabschieden sich von X mit einer persönlichen Geste der Freundschaft.

Mieke Korenhof (Hrsg.): Gehen. Scheidungs- und Trennungsliturgien. Düsseldorf 1996, S. 45–49.

Frau **Christine Steffels** und Herr **Peter Steffels** geben bekannt:

Wir gehen von nun an wieder getrennte Wege

Es fühlen mit uns

Leon und Marla Steffels
Martha Zeisig
Irmgard und Otto Steffels

Köln, den 13. Oktober 2002

1. **Warum bietet die evangelische Kirche Trennungsrituale an? Reicht es nicht, wenn man einfach auseinander geht? Schreibt Vor- und Nachteile einer solchen Scheidungszeremonie auf.**

2. **Wozu braucht man noch ein Trennungsritual, wenn man Gewalt in der Ehe erlebt hat? Ist dann ein kirchlicher Beistand besonders wichtig?**

3. **Würdest du dich auf jeden Fall an das 6. Gebot halten?**

57

Dann lass ich mich eben **scheiden** (2)

Familienstand der Bevölkerung

	ledig	verheiratet	geschieden	verwitwet
Reichsgebiet 1900	59,5%	34,8%	0,2%	5,6%
Früheres Bundesgebiet 1950	44,7%	45,8%	1,4%	8,1%
Deutschland 1990	48,1%	39,1%	4,9%	8,0%
Deutschland 1999	40,0%	46,8%	5,6%	7,6%

Quelle: Statistisches Bundesamt.
Datenreport 2002.
Zahlen und Fakten über die
Bundesrepublik Deutschland.
Bonn 2002.

1. **Findet euch zu zweit zusammen und schaut euch diese Tabelle näher an. Notiert alle eure Beobachtungen auf der Rückseite.**
2. **Das Wort „Treue" kann zwei Bedeutungen haben: Einerseits kann Treue die Verlässlichkeit einer Bindung zu dem jeweiligen Partner bedeuten, andererseits aber auch die sexuelle Ausschließlichkeit (Sex nur mit seinem Partner).**
   Welcher Aspekt ist dir persönlich wichtiger oder gehören beide Aspekte zusammen?
3. **Wie wichtig ist Treue für dich?**
   Kreuze auf einer Skala von 1 bis 10 an. Denk dabei nicht nur an die Treue in einer Beziehung, sondern auch in einer Freundschaft. Begründe deine Antwort auf der Rückseite.

1
wichtig

10
unwichtig

4. **Vergleicht eure Meinungen untereinander und stellt ein Klassenranking auf. Welche anderen Werte sind für euch in einer Beziehung bzw. in einer Freundschaft wichtig?**
5. **Dein Freund/deine Freundin hat dich betrogen und rechtfertigt sich mit dem Spruch: *„Einmal ist keinmal!"* Wie reagierst du?**
   Schreibe in dein Heft. Diskutiert die Reaktionen untereinander.
6. **Lies Joh 8, 1–11. Wie geht Jesus mit der Ehebrecherin um und wie interpretiert er das 6. Gebot?**

58

© Verlag an der Ruhr | Postfach 10 22 51 | 45422 Mülheim an der Ruhr | **www.verlagruhr.de**

Scheidungs**risiko**

Faktoren, die die Dauer und Stabilität einer Ehe beeinflussen, werden von Soziologen als **Scheidungsdeterminanten** bezeichnet.
Im Folgenden findet ihr einige dieser Determinanten:

Faktoren, die das Scheidungsrisiko erhöhen

(in Klammern das Scheidungsrisiko):

- Ehefrau ist ganztägig berufstätig (+ 25 Prozent)
- für mind. einen Ehepartner ist es die 2. Ehe (+ 38 Prozent)
- Ehepaar lebt in einer Großstadt (+ 44 Prozent)
- Abschluss eines Ehevertrages (+ 47 Prozent)
- ein Ehepartner hat Scheidung der eigenen Eltern erlebt (+ 51 Prozent)
- mindestens einer der Ehepartner war bei der Heirat unter 21 Jahren (+ 104 Prozent)
- Stiefkinder in der Ehe (+ 88 Prozent)
- bekannt gewordene Untreue (+ 1102 Prozent)

Faktoren, die das Scheidungsrisiko vermindern

(in Klammern das Scheidungsrisiko):

- mind. ein Ehepartner ist katholisch (− 34 Prozent)
- längeres Zusammenleben vor der Heirat (über 3 Jahre) (− 34 Prozent)
- bei Heirat besteht bereits eine Schwangerschaft (− 36 Prozent)
- Ehepaar wurde kirchlich getraut (− 39 Prozent)
- mindestens ein gemeinsames Kind (− 40 Prozent)
- gemeinsames Wohneigentum (− 54 Prozent)
- Ehepaar hat gemeinsame Freunde (− 54 Prozent)
- beide haben gleichen Bildungsabschluss (− 50 Prozent)

— *Quelle: Focus Nr. 10, 2003*

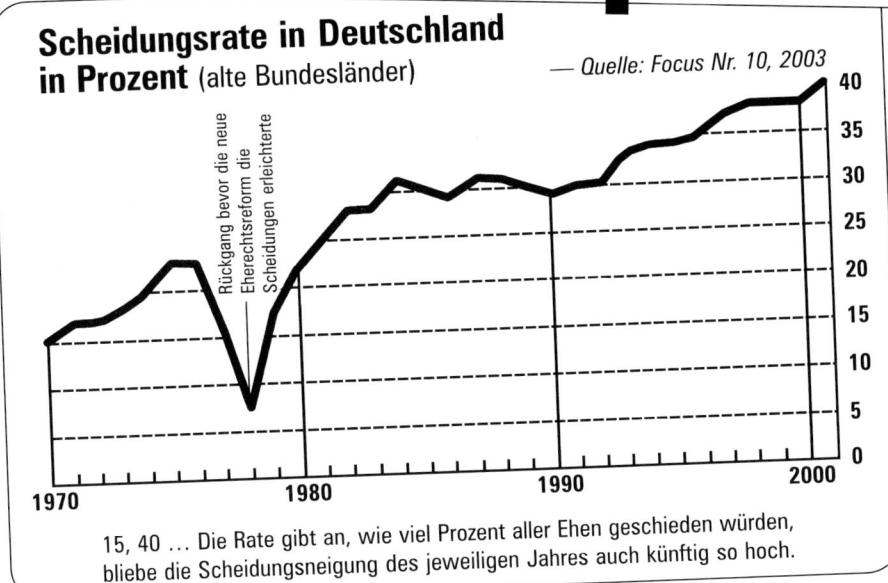

Scheidungsrate in Deutschland in Prozent (alte Bundesländer)

— *Quelle: Focus Nr. 10, 2003*

Rückgang bevor die neue Eherechtsreform die Scheidungen erleichterte

15, 40 … Die Rate gibt an, wie viel Prozent aller Ehen geschieden würden, bliebe die Scheidungsneigung des jeweiligen Jahres auch künftig so hoch.

1. **Sucht nach den Gründen für die einzelnen Scheidungsdeterminanten.**
2. **Finde weitere positive sowie negative Scheidungsdeterminanten.**

Der organisierte Seitensprung

Nach einer repräsentativen Umfrage, die das Meinungsforschungsinstituts Emnid im Jahr 2003 durchgeführt hat, ist für 98 Prozent der 20 bis 29-Jährigen Deutschen die körperliche Treue **wichtig** oder sogar **sehr wichtig**. 55,6 Prozent der Befragten würden ihrem Partner einen Seitensprung nicht verzeihen.

Quer durch alle Altersgruppen sprachen sich 95,9 Prozent für die körperliche Treue aus. Dabei würde für 48,3 Prozent und damit fast die Hälfte aller Befragten ein Seitensprung des Partners das endgültige Aus für die Beziehung bedeuten. Lediglich 37,6 Prozent gäben ihrem Partner noch eine Chance.

Die Ergebnisse dieser Umfrage stehen in einem deutlichen Widerspruch zu einer Aussage einer Internet-Seitensprungagentur:

„In den letzten Jahren ist der „Seitensprung" ein fester Bestandteil unserer Gesellschaft geworden. Nicht jeder wird darüber sprechen, aber es gibt fast niemanden mehr, ob prominent, adelig oder ganz normaler Durchschnittsbürger, der nicht schon seine Erfahrungen mit einem Seitensprung hatte, oder daran gedacht hat, es selbst zu probieren, denn es gibt viele Gründe dafür, warum sich jemand zu einem Seitensprung entschließt."

— Quelle: www.seitensprung.de (2003)

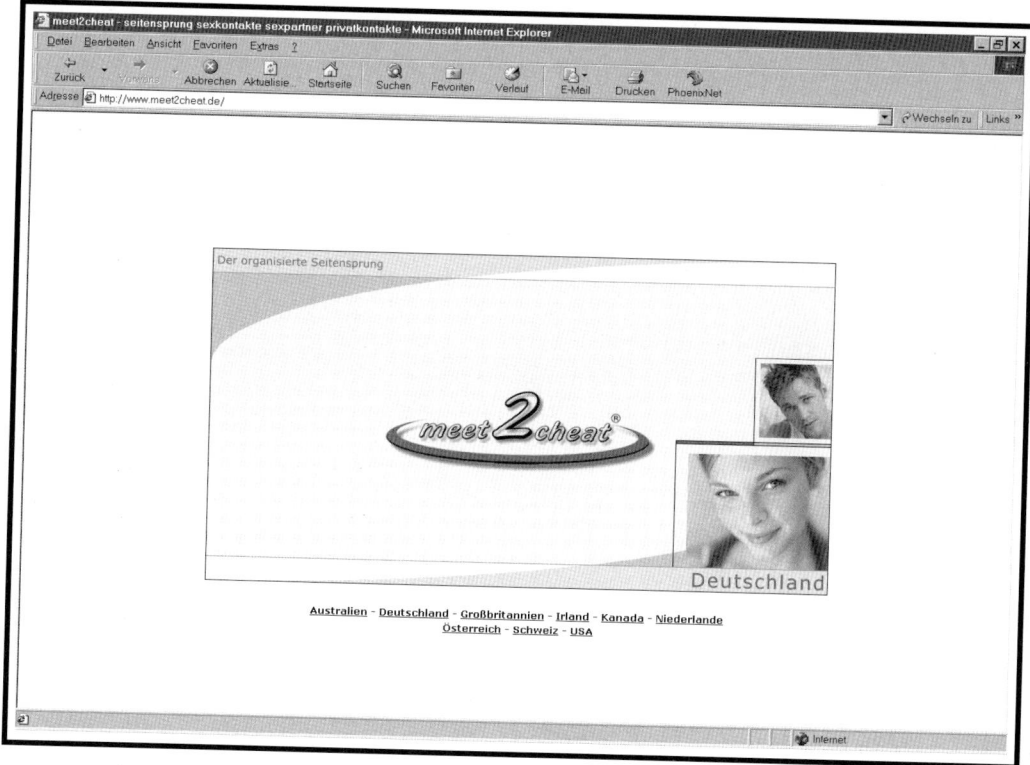

1. **Was könnten die Gründe für einen Seitensprung sein?**
2. **Ist der Seitensprung eurer Meinung nach wirklich ein fester Bestandteil unserer Gesellschaft geworden?**

3. **Im Internet findet man nicht nur „Seitensprung-Agenturen", sondern auch Agenturen für die perfekten Alibis. Diese liefern dem „Betrüger" ein sicheres Alibi, um „die Stabilität der festen Beziehung und der Familie zu schützen". Ist diese Art der „Geldmache" unmoralisch?**

60

Die 10 Gebote
heute

Bis **das** Gähnen sie **scheidet?**

Aus einem Gespräch zwischen Marc Stern (geb. 1956, Rabbiner der Osnabrücker jüdischen Gemeinde) und Prof. Dr. Horst Georg Pöhlmann (geb. 1933, evangelischer Theologe)

Pöhlmann: Ein Student erzählte mir, er wolle nie eine Ehe eingehen, die verklemmte Ehe seiner Eltern hätte ihn abgeschreckt: er hätte nie erlebt, dass sie sich einmal gestreichelt hätten (...) die Ehe sei das „Grab der Liebe". Eine Studentin meinte, Ehe komme für sie nicht in Frage: was sie bei ihren Eltern an Ehe erlebte, sei so abstoßend gewesen, dass sie genug davon habe. Seit Jahren sehe sie nur den Rücken ihrer beiden „fernsehglotzenden" Eltern, wenn sie abends heimkomme. Die größte Gefahr für heutige Ehen ist nicht so sehr der Ehebruch, sondern die öde Routine, Langeweile und Gleichgültigkeit. Schlimmer als die Untreue ist die Gewöhnung in den vielen „verkästen" und „miesen" Ehen, wo sie nicht mehr das atemversetzende Abenteuer zu zweit ist, das sie sein will.

Stern: Was du sagst, gilt auch für die moderne jüdische Ehe. Eine Ehe kann auch durch die Langeweile zugrunde gehen, nicht nur durch den Ehebruch; „Treusein, bis das Gähnen sie scheidet".

Pöhlmann: Die Partner leben dann aneinander vorbei, sie haben sich nichts mehr zu sagen. Eine Frau aus so einer „miesen" Ehe meinte: „Wenn mein Mann an mich stößt, ist das so, wie wenn er an einem Schrank anstößt." Ist das noch Ehe?

Stern: Dieselbe Frage wäre zu stellen, wenn Eheleute sich ständig anschreien und die Ehe zum Kampf- und Kriegsschauplatz wird. Zerrüttete Ehen müssen geschieden werden, weil Gott sie nicht gewollt hat.

Pöhlmann: (...) In Gesprächen mit Studentinnen und Studenten habe ich trotz des Plausibilitätsverlustes der Ehe immer wieder die Sehnsucht dieser jungen Menschen verspürt nach dem Partner fürs Leben, mit dem man für immer beisammen sein will, bis der Tod sie scheidet und bei dem man die Gewissheit haben kann, dass er bei mir bleibt (...) und nicht die Angst haben muss, dass er wegläuft.

— *Horst Georg Pöhlmann/Marc Stern: Die Zehn Gebote im jüdisch-christlichen Dialog. Ihr Sinn und ihre Bedeutung heute. Eine kleine Ethik. Frankfurt/M. 2000, S. 157–158.*

Wir schließen den Bund der Ehe und freuen uns riesig!

Sybille Schneider
Frederik Olsen

Die Trauung findet am 18. Mai in der Dorfkappelle in Klein Brodersby statt.

1. **Viele Ehepartner leben sich mit der Zeit auseinander. Ist es dann nicht besser, man trennt sich rechtzeitig, bevor es zu spät ist? Lohnt es sich überhaupt noch zu heiraten mit der Aussicht auf ein Leben nebeneinander?**
2. **Marc Stern sagt: „Zerrüttete Ehen müssen geschieden werden, weil Gott sie nicht gewollt hat." Wer bestimmt, wann eine Ehe zerrüttet ist?**
3. **In unserer Gesellschaft ist die Treue zu seinem Partner wieder zu einem ganz wichtigen Wert geworden. Warum ist das so? Was meinst du, in welchen Ländern und Gesellschaften die Treue besonders wichtig ist und in welchen sie keine besondere Rolle spielt? Wovon hängt das ab?**

4. **Die Ehe – ein Auslaufmodell? Diskutiert diese These gemeinsam.**
5. **Sollte in allen Fällen an der Unauflöslichkeit der Ehe festgehalten werden oder muss es auch die Möglichkeit geben, sich „gottgewollt" zu trennen?**
6. **Informiere dich über die Rechtslage und Praxis in der evangelischen und katholischen Kirche, eine geschlossene Ehe annullieren zu lassen. Was sagt das staatliche Ehe-/Scheidungsrecht?**

61

Die 10 Gebote heute

7. Gebot

Du sollst **nicht stehlen**

Die Auseinandersetzung mit **Besitz** und **Reichtum** ist in der Bibel meist mit der Frage nach **Gerechtigkeit** und **Ungerechtigkeit** verbunden. Dabei nimmt die Bibel diese Themen sehr ernst, denn allein drei der 10 Gebote (7., 9. und 10. Gebot) beschäftigen sich mit Besitz.
Das allgemeinste von diesen dreien ist das siebte, bei dem das Objekt des Stehlens offen bleibt. Vermutlich richtete sich dieses Gebot ursprünglich auch gar nicht in erster Hinsicht gegen das Stehlen von Sachwerten, sondern gegen **Menschendiebstahl,** also wenn ein freier Mann geraubt und zum Sklaven gemacht wurde.

So heißt es kurz hinter den 10 Geboten im Alten Testament, dass jeder, der einen Menschen raubt, mit dem Tod bestraft wird *(Ex 21, 16)*.
Später wurde das Gebot stärker auf den Besitz der anderen bezogen. Dabei ist zu bedenken, dass es zur damaligen Zeit in Israel nur sehr wenige reiche Leute gab. Diesen wenigen Wohlhabenden standen – so wie heute! – sehr viele verarmte Menschen gegenüber. Oft wurden die Armen von den Reichen ausgenutzt und waren so überhaupt erst in ihre Notlage gekommen. In dieser **Atmosphäre sozialer Ungerechtigkeit** entstanden prophetische Bewegungen, wie die des Propheten Jesaja, von der im Alten Testament im gleichnamigen Buch berichtet wird. Vor diesem Hintergrund erhält das 7. Gebot eine ganz andere Dimension. *„Du sollst nicht stehlen"* heißt dann auch, nicht auf Kosten anderer zu leben und sie nicht um ihren gerechten Lohn zu bringen.

1. Was bedeutet *„Du sollst nicht stehlen"* heute? Was fällt deiner Meinung nach alles unter das Delikt „Diebstahl"? Liste auf.
2. Steuerhinterziehung, unerlaubtes Kopieren von CDs, Schwarzfahren – alles Kavaliersdelikte? Wann fängt das Stehlen an und wann ist es nur ein kleiner Vorteil, den man sich verschafft?

3. *„Erst wenn der letzte Baum gerodet, der letzte Fluss vergiftet, der letzte Fisch gefangen ist, werdet ihr feststellen, dass man Geld nicht essen kann."* Mit diesem Motto wirbt Greenpeace für die Ziele der Organisation.
   Was sagt das Motto aus? Was hat es mit dem 7. Gebot zu tun? Diskutiert darüber!

Die **Ware** **Mensch**

Zwangsarbeit und Menschenhandel weltweit auf dem Vormarsch

Genf (dpa) – Zwangsarbeit und Menschenhandel nehmen weltweit zu und treten in immer neuen und heimtückischeren Formen auf. Zu diesem Schluss kommt die Internationale Arbeitsorganisation ILO in einer am Freitag in Genf veröffentlichten Studie.

Menschenhandel ist *„die Anwerbung, Beförderung, Verbringung, Beherbergung oder der Empfang von Personen durch die Androhung oder Anwendung von Gewalt (...), durch Entführung, Betrug, Täuschung, Missbrauch von Macht oder Ausnutzung besonderer Hilflosigkeit oder durch Gewährung oder Entgegennahme von Zahlungen oder Vorteilen zur Erlangung des Einverständnisses einer Person, die Gewalt über eine andere Person hat, zum Zweck der Ausbeutung. Ausbeutung umfasst mindestens die Ausnutzung der Prostitution anderer oder andere Formen sexueller Ausbeutung, Zwangsarbeit oder Zwangsdienstbarkeit, Sklaverei oder sklavereiähnliche Praktiken, Leibeigenschaft oder die Entnahme von Körperorganen ..."*

— Aus Artikel 3 der Allgemeinen Bestimmungen des Protokolls zur Verhütung, Bekämpfung und Bestrafung des Menschenhandels, insbesondere des Frauen- und Kinderhandels, in Ergänzung des Übereinkommens der Vereinten Nationen gegen die grenzüberschreitende Kriminalität, vorläufige amtliche Übersetzung, 55. Tagung der VN Generalversammlung, A/55/383

Mutmaßlicher Zuhälter muss sich vor Gericht verantworten

(ck) Die Liste der Vorwürfe ist lang, derentwegen sich der 35-jährige Kraftfahrzeugmeister G. aus Moers verantworten muss: Zuhälterei, schwerer Menschenhandel, Förderung der Prostitution, räuberische Erpressung, Urkundenfälschung und Fahren ohne Führerschein. Laut Anklage hat er in einem Remscheider Club die 19-jährige aus Litauen stammende Rasa B. als Prostituierte für sich arbeiten lassen.

StGB § 180b Menschenhandel

(1) Wer auf eine andere Person seines Vermögensvorteils wegen einwirkt, um sie in Kenntnis einer Zwangslage zur Aufnahme oder Fortsetzung der Prostitution zu bestimmen, wird mit Freiheitsstrafe bis zu fünf Jahren oder mit Geldstrafe bestraft. Ebenso wird bestraft, wer auf eine andere Person seines Vermögensvorteils wegen einwirkt, um sie in Kenntnis der Hilflosigkeit, die mit ihrem Aufenthalt in einem fremden Land verbunden ist, zu sexuellen Handlungen zu bringen, die sie an oder vor einer dritten Person vornehmen oder von einer dritten Person an sich vornehmen lassen soll. (...)

1. **Schätzungen von Experten zufolge sind derzeit weltweit etwa 27 Millionen Menschen von Sklaverei betroffen. Wo gibt es heute noch Menschenhandel, Zwangsarbeit und Sklaverei? Recherchiere im Internet. Auf der englischsprachigen homepage der Organisation Anti-Slavery International (www.antislavery.org) findest du ausführliche Informationen zum Thema „Moderne Sklaverei".**

2. **Es gibt zahlreiche Menschenrechtsorganisationen, die sich mit dem Thema „Menschenhandel" beschäftigen (z.B. amnesty international, terre des hommes). Informiere dich über ihre Arbeit, z.B. im Internet und verfasse einen kurzen Bericht über die Arbeit und die Projekte einer Organisation.**

3. **Entwerft eine Kampagne gegen Sklaverei und Menschenhandel. Ihr könnt ein Plakat gestalten, einen Radiospot verfassen oder einen Videoclip drehen.**

Bitterer Kaffee

Leben auf wessen Kosten???

Kaffee

… die Zeitungen haben in der jüngsten Vergangenheit auf die Kaffeebauern in Äthiopien aufmerksam gemacht, die nur einen winzigen Bruchteil des in Europa gezahlten Kaffeepreises erhalten. Während der Preis für Rohkaffee in den letzten 5 Jahren um über 65 % abgestürzt ist, verbilligte sich der Röstkaffee in deutschen Supermärkten im gleichen Zeitraum lediglich um magere 18%. Dabei brach der Weltmarktpreis für qualitativ schlechtere Rohkaffee-Sorten noch stärker ein. Die Verbraucher im Norden freuen sich über niedrigere Preise, die Bauern im Süden müssen dagegen hungern oder sogar verhungern – die Industrieländer lassen ihnen keine andere Wahl.

Der Absturz des Rohkaffeepreises kostet Millionen Menschen ihre Existenz, wieder anderen versüßt er das Leben …

— *alle Werte berechnet aus Angaben des Deutschen-Kaffee-Verbandes 2001*

die Lust am Leben

1. Kaffee oder Tee trinken auf Kosten anderer – das will doch eigentlich keiner. Warum kaufen trotzdem die meisten die handelsüblichen Marken und keine fair gehandelte Ware?
2. Woher stammt dein Kaffee oder Tee? Kann man der Verpackung entnehmen, ob er fair gehandelt wurde? Macht die Probe aufs Exempel und informiert euch bei einem Produzenten über die Herkunft seines Kaffees oder Tees.

3. Entwerft eine Kampagne für fair gehandelten Kaffee aus Ländern der so genannten „Dritten Welt".

64

Eigentum
ver**pflicht**et

> Du sollst nicht stehlen.
> — *Ex 20, 15*

> Keine Macht für alle!
> — *Graffiti*

> „... muss vermehrt die Mutprobe als Motiv bei Jugendlichen für Ladendiebstähle angesehen werden."
> — *aus einem Polizeibericht*

> „In unserem Land ist noch niemand verhungert!"
> — *Helma K., 45 Jahre*

> Eigentum verpflichtet. Sein Gebrauch soll zugleich dem Wohle der Allgemeinheit dienen.
> — *Grundgesetz Artikel 14,1*

> Deine Armut kotzt mich an!
> — *Autoaufkleber*

> Mundraub
> — *Bezeichnung für einen Notdiebstahl bei Hunger*

> Ehrlich währt am längsten.
> — *Sprichwort*

> Wer eine fremde bewegliche Sache einem anderen in der Absicht wegnimmt, die Sache sich oder einem Dritten rechtswidrig zuzueignen, wird mit Freiheitsstrafe bis zu fünf Jahren oder mit Geldstrafe bestraft. Der Versuch ist strafbar.
> — *StGB § 242 Art. 1–2*

> Versicherungsbetrug, Steuerhinterziehung und Spesenbelegfälschungen sind zum Volkssport geworden
> — *Zeitungsüberschrift*

> Schützen Sie sich vor Taschendieben!
> — *Hinweisplakat*

> „Der Teufel scheißt immer auf den größten Haufen."
> — *Redewendung*

> Was die einen zu viel haben, haben die anderen zu wenig!
> — *Redewendung*

> „Die Sozialhilfeempfänger liegen doch alle auf unserer Tasche!"
> — *Frank W., 35 Jahre*

> „Was ist schon das Ausrauben einer Bank gegen die Gründung einer Bank."
> — *Bertolt Brecht (1898–1956), deutscher Schriftsteller*

1. Suche dir einen oder mehrere Partner. Wählt ein Zitat aus und entwickelt eine kurze Rollenspielszene. Das Zitat sollte die Kernaussage dieser Szene sein.
2. Konfrontiert das Zitat mit dem 7. Gebot.

65

Die 10 Gebote heute

Kohlen**klau** 1946

Am Silvestertag 1946 hielt der Kölner Erzbischof Kardinal Joseph Frings eine sehr ungewöhnliche und mutige Predigt.
Der Winter 1946 war besonders kalt. In zahlreichen Städten Deutschlands erfroren täglich viele Menschen. In dieser ausweglosen Situation beschlossen Kölner Bürgerinnen und Bürger, Kohlenzüge zu plündern, die für das Ausland, besonders die Alliierten, bestimmt waren.

Darauf sagte Kardinal Frings in seiner Predigt am 31.12.1946 einen Satz, der Geschichte machte:

„Wir leben in Zeiten, da in der Not auch der einzelne das wird nehmen dürfen, was er zur Erhaltung seines Lebens und seiner Gesundheit notwendig hat, wenn er es auf andere Weise, durch seine Arbeit oder durch Bitten, nicht erlangen kann."

Dies trug ihm einerseits starken Protest auch aus der katholischen Kirche, andererseits aber große Sympathie nicht nur seitens der Bevölkerung des Rheinlands ein. Das Wort „fringsen" ist in der Region um Köln seither ein geflügeltes Wort für Notdiebstahl.

Joseph Frings wurde am 6. Februar 1887 in Neuss als Fabrikantensohn geboren. Nach seiner Schul- und Studienzeit empfing er 1910 die Priesterweihe in Köln. Von 1942 bis 1969 war er Erzbischof von Köln, seit 1946 Kardinal. 1945–1965 hatte er den Vorsitz des wichtigsten katholischen Gremiums in Deutschland inne, der deutschen Bischofskonferenz. 1956 gründete er in Rio de Janeiro die Hilfsorganisation „Misereor". Am 23. Februar 1969 legte er aus Altersgründen sein Amt nieder. Frings starb 1978 im Alter von 91 Jahren.

1. **Der Kölner Erzbischof als „moderner Robin Hood"? Lässt sich das „Fringsen" mit dem 7. Gebot vereinbaren?**
2. **Wer darf heute fringsen? Schau dich weltweit um.**

Die 10 Gebote

Jesus über das Eigentum

Auf die Frage, was Jesus zum 7. Gebot „*Du sollst nicht stehlen*" sagt, antwortet ein evangelischer Theologe:

„Ich horche auf seine Stimme – und höre gar nichts. Sendepause. Keinen Ton sagt Jesus über den Schutz des Eigentums (...) Als einer von ihm verlangt, er solle ihm zu seinem Erbe verhelfen, lässt Jesus ihn abfahren: Nimm dir doch einen Rechtsanwalt! Das Eigentum gehört für Jesus ganz offensichtlich zu den drittrangigen Dingen. Wichtig an ihm ist lediglich, dass es immer zu denen kommt, die es am dringendsten brauchen. Für Jesus ist die Umverteilung des Eigentums wichtiger als seine Bewahrung. (...) Eigentum dient, wo es gut ist (...) dem Wohl der Gemeinschaft. Er sagt: Häufe keinen Reichtum auf in deinem Leben. „Wo dein Schatz ist, da wird dein Herz sein" (Mt 5, 19–21). „Du kannst nicht Gott und dem Geist des Geldes zugleich dienen" (Mt 5, 24).

Und bedenke: Leichter bestiehlt ein Reicher den Armen, wenn er ihn ausbeutet, als ein Armer einen Reichen. Wenn du mir nachfolgen willst, dann wirst du die freiwillige Armut wählen. Willst du das in dieser Form nicht, dann wähle dein Eigentum als Werkzeug deiner Güte. (...)

Weitergeben und umverteilen, weltweit, ist schon heute eine der großen Herausforderungen der Menschheit (...) Ein Wirtschaftssystem, das dies verhindert, kann sich nicht auf das Christentum berufen. Ich weiß zwar, dass nichts sich bewegt, wenn ich das sage, und dass die Wirtschaft längst ihre eigenen „Gesetze" hat, für die ein christlicher Anschein nicht gebraucht wird. Dennoch: Jesus sagt: Du wirst nicht ärmer, wenn du an der Umverteilung der Güter dieser Erde mitwirkst.

In der Tatsache aber, dass in den alten Geboten vier vom Schutz des Eigentums handeln, spiegelt sich die völlig überproportionierte Wichtigkeit, die das Eigentumsdelikt in unserem Strafrecht hat. Ein Mensch kann ein Leben lang seine Mitarbeiter schikanieren. Er kann mit dem Gift aus seinem Schlot Tausende Menschen krank machen. Das macht ihn nicht kriminell. Kriminell wird er aber sofort, wenn er hundert Mark aus der Kasse nimmt. Das Eigentum rangiert bei uns ungleich höher als die Würde und Unverletzlichkeit des Menschen (...) Und ich habe den Eindruck, wenn wir nicht völlig andere Normen für den Umgang mit dem Eigentum finden, können wir das ganze restliche Christentum in unserem Land verschenken. Ein siebtes Angebot kann also lauten: Gott ist der Gebende. Darum halte nicht fest."

— *Jörg Zink: Neue Zehn Gebote. Stuttgart 1995, S. 73–76.*

Privatweg
Betreten und Befahren auf eigene Gefahr

1. **Könnte man Jesus möglicherweise auch als Globalisierungsgegner bezeichnen? Schlage den Begriff „Globalisierung" im Lexikon nach. Welche Ziele verfolgen die Globalisierungsgegner? Vergleiche ihre Argumente mit denen von Jesus zur Umverteilung des Reichtums.**
2. **Jörg Zink sagt: „*Das Eigentum rangiert bei uns ungleich höher als die Würde und Unverletzlichkeit des Menschen.*" Was denkst du über diese These? Warum hat Eigentum so einen hohen Stellenwert in unserer Gesellschaft?**
3. **Wie wichtig ist „Eigentum" in deinem eigenen Leben?**

Der 0190, 0900 Trick

Gefahr im Internet durch 0190 Nummern

Dialerabzocke

Dramatischer Anstieg der Computerbetrugsdelikte

Fiese Kostenfallen mit 0190

Teure Überraschung auf der Telefonrechnung

Immer öfter schnappt die Falle im **Internet** zu. Das Angebot, ein Programm kostenlos downzuloaden oder aber kostenpflichtige Mitgliederseiten gratis anzuschauen, klingt sehr verlockend. Kleingedruckt steht dann ganz versteckt, dass durch dieses Programm zusätzlich Nutzungs- bzw. Verbindungsgebühren in Höhe von z.B. 1,90 Euro pro Minute entstehen. Das Ergebnis bekommt der **ahnungslose Nutzer** dann mit der horrenden Telefonrechnung. Unseriöse Anbieter machen auf diesem Weg das schnelle Geld. Diese automatischen Einwahlprogramme ins Internet nennt man **Dialer-Programme**.

Ähnliche Erfahrungen machen Verbraucher auch mit den 0190 Servicenummern. Sie werden immer mehr dazu missbraucht, Personen über Festnetztelefone, Handy und Fax finanziell zu schädigen. Per **Fax-Abruf** können Informationen und Unterlagen wie Kochrezepte, Reisetipps oder andere Ratgeberangebote angefordert werden, z.B. zu Fernseh- oder Radiosendungen. Auf die Gebühr wird, wenn überhaupt, nur im Klein-gedruckten hingewiesen. Unter Umständen dauert es einige Zeit, bis die angeforderten Seiten dann übertragen werden. Zeit, die für den Empfänger richtig teuer werden kann. Ein weiterer Markt für diese Branche sind die **SMS-Botschaften**. Firmen locken beispielsweise per SMS mit angeblichen Gewinnen. Man müsse nur unter 0190 zurückrufen. Ruft jemand an, wird oft versucht, die Person in Warteschleifen und Gesprächen zu binden, um möglichst viel Profit zu machen.

1. **Fällt dieser professionelle Betrug auch unter das Stehlen?**
2. **Recherchiere im Internet zum Thema „Dialerprogramme". Unter www.computerbetrug.de, www.dialer-control.de findest du ausführliche Informationen.**
3. **Welche anderen strafbaren Delikte gibt es in Verbindung mit dem Internet?**

Die 10 Gebote heute

8. Gebot

Du sollst nicht **falsch gegen deinen Nächsten** aussagen

„Das Wesen deines Wortes ist Wahrheit, deine gerechten Urteile haben alle auf ewig Bestand."
— Ps 119, 160

So wie es ein Psalmbeter vor ca. 2500 Jahren formuliert hat, äußert sich auch der Glaube in der Bibel durchgehend: Gottes Worte sind wahr, ohne jegliche Täuschung. Die Menschen, die sich auf ihn berufen, sollen sich daher auch demgemäß verhalten.

Der Ursprung des 8. Gebotes liegt allerdings im gerichtlichen Bereich: Mit Hilfe des 8. Gebotes sollten falsche Zeugenaussagen in **Gerichtsverhandlungen** unterbunden werden. Solche Verhandlungen liefen zur damaligen Zeit folgendermaßen ab: Einer der freien Männer holte die Männer des Dorfs zusammen, berief eine Versammlung ein und klagte einen anderen an. Dann wurde ein Zeuge gesucht. Die Aussage des Zeugen war das **wichtigste Mittel der Wahrheitsfindung**. Zum Schluss musste der Ankläger seine Vorwürfe und der Zeuge seine Aussagen durch einen **Eid** beschwören. Auf diesen Eid war das damalige Rechtswesen mit seiner geringen Aufklärungsquote dringend angewiesen, denn moderne Ermittlungsmethoden wie heute gab es noch nicht. Deshalb war es wichtig, dass kein falscher Zeuge auftrat und niemand einen falschen Eid ablegte. Denn in einem solchen Fall konnte ein unschuldiger Angeklagter in seinem Ansehen und seiner Ehre verletzt oder sogar in Lebensgefahr gebracht werden.

Ein **„falsches Zeugnis"** hatte somit auch Konsequenzen für das Leben des Einzelnen in der Dorfgemeinschaft und war folglich mehr als „nur" eine Lüge.

Im Laufe der Zeit wurde die Gültigkeit des 8. Gebotes zu einer generellen Regel in allen Lebenslagen ausgeweitet. Falsch gegenüber anderen Menschen auszusagen, hatte damals wie heute viele Aspekte: Den „Klatsch und Tratsch", das schlechte Reden hinter vorgehaltener Hand, Gerüchte, sein Wort nicht zu halten ...

1. **Ist das 8. Gebot heute in seinem ursprünglichen Sinne noch aktuell?**
2. **Ist es möglich, sich im Alltag immer an das 8. Gebot zu halten?**
3. **Wie ist das 8. Gebot überhaupt zu verstehen? Gilt es für jede Form von Unwahrheit?**

69

Die 10 Gebote heute

Das richtige Wort?!

„Reden(s)regeln"

▶ Rede ich hinten herum über den anderen, wenn ich etwas gegen ihn habe oder sage ich es ihm direkt und unter vier Augen? — *Mt 18, 15*

▶ Sollten wir es uns nicht zur Regel machen, bei allem Klatsch über einen anderen Menschen gegenzusteuern und *„Gutes von ihm zu reden und alles zum Besten zu kehren".* — *Luther*

▶ Lassen wir uns beeindrucken von der Wichtigtuerei anderer Menschen oder haben wir eine kritische Distanz zu allem, was groß ist, groß sein will und groß tut?

▶ Helfen wir anderen Menschen mitunter nicht mehr, wenn wir sie kritisieren, als wenn wir sie loben? Tun wir anderen schön oder sagen wir ihnen die Wahrheit, auch wenn sie unbequem ist? (...) Sind wir süchtig nach Lob oder sind wir frei von der Droge Beliebtheit und der Droge Anerkennung? (...)

▶ (...) Der jüdische Rabbi Schamai riet: *„Sprich wenig und tue viel"* — *Pirke Aboth I 15*

▶ In den Sprüchen Salomonis lesen wir: *„Tue deinen Mund auf für die Stummen und für die Sache aller Schwachen"* — *31, 8*.
Ergreife ich Partei für die, die in Gruppen und Gremien ausgelacht und ausgegrenzt werden oder halte ich mich feige heraus?

▶ Jakobus schreibt im Neuen Testament: *„Jeder sei schnell im Hören und langsam im Reden"* — *1, 19*. Rede ich zu viel im Gespräch mit anderen oder kann ich auch zuhören? (...)

▶ Ziehe ich nur Schubladen und verteile ich nur Umhängeschilder, wenn ich mit anderen rede, oder kann ich mich ganz loslassen und einlassen auf den anderen?

▶ Bediene ich mich im Gespräch mit anderen einer Herrschaftssprache (...), die andere nicht verstehen, und die mit der Wortkeule Andersdenkende niedermacht, verwende ich eine Sklavensprache, die schmeichelt, heuchelt, kuscht und immer jedem Recht gibt, oder rede ich in der Sprache der Liebe, die auf den anderen eingeht ohne sich anzupassen?

▶ Stehe ich hinter dem, was ich sage, oder rede ich gesalbt daher und dresche Phrasen?

▶ Sind unsere Worte kostbare Unikate oder nerven wir andere durch unsere Wiederholungsrituale. *„Was immer du sagst, sag es nicht zweimal."* — *B. Brecht*

▶ Sind wir uns dessen immer bewusst, dass keiner die volle Wahrheit hat und jeder nur Bruchstücke von der Wahrheit hat *(1 Kor 13, 9–12)*, ich also das Bruchstück des anderen brauche, um die Wahrheit zu erkennen?

— Horst Georg Pöhlmann/Marc Stern:
Die Zehn Gebote im jüdisch-christlichen Dialog.
Ihr Sinn und ihre Bedeutung heute. Eine kleine Ethik.
Frankfurt/M. 2000, S. 198–200.

1. **Welche der „Redensregeln" hältst du persönlich für (un)verzichtbar? Suche die deiner Meinung nach wichtigsten heraus und begründe deine Auswahl.**

2. **Verstößt du manchmal gegen die hier aufgeführten Regeln? Beobachte dich selbst einen Tag lang. Wie oft ertappst du dich bei einer bewussten oder unbewussten Lüge? Was für Situationen sind das?**

3. **Die Medien haben heute einen wesentlichen Einfluss auf die Meinungen und Ansichten der Bevölkerung. Ihre eigentliche Aufgabe, wahrheitsgemäß und unvoreingenommen zu berichten, bleibt dabei häufig auf der Strecke. Untersuche unterschiedliche Fernsehbeiträge oder Zeitungsartikel zu ein und demselben Thema. Wo liegen die Unterschiede in der Berichterstattung? Erstellt Listen und hängt sie auf.**

Alles **Lüge**, oder was?!

Skandal bei RTL: Kandidat log sich zum Sieg

Die BSE-Lüge

Wer lügt, spart Steuern

Des Kanzlers größte Lüge

Alles Lüge: Das miese Geschäft mit der Traumfigur

Straftat ohne Reue? Versicherungsbetrug ist kein Kavaliersdelikt

Mehr oder weniger große Schwindeleien, Lügen und Betrug scheinen zu unserem ganz normalen Alltag zu gehören: Die Klatschblätter sind voll von Sensationsmitteilungen über Prominente, aber auch die seriöse Presse überführt gerne die Politiker ihrer nicht eingelösten Wahlversprechen. Und auf dem Buchmarkt gibt es mittlerweile zahlreiche Bücher mit Tipps und Tricks für das Steuernsparen oder den professionellen Seitensprung, mit deren Hilfe man sich bei kleinen und großen Schwindeleien beraten lässt.

1. Lohnt es sich überhaupt noch, die Wahrheit zu sagen, oder ist der Ehrliche immer der Dumme?
2. *„Der Zweck heiligt die Mittel!"* Stimmst du dieser Redensart zu?
3. Die sogenannte Boulevardpresse lebt vom Klatsch und Tratsch über Prominente oder solche, die es gerne sein würden. Darin werden häufig Gerüchte verbreitet, gegen die sich die Verleumdeten aber auch immer öfter zur Wehr setzen, z.B. mit Unterlassungsklagen. Warum haben diese „Klatschblätter" trotzdem so großen Erfolg? Ist das Unterhaltung oder Profitmache auf Kosten anderer?
4. Du hast die Gelegenheit, das 8. Gebot neu zu formulieren. Wie würde es lauten?

© Verlag an der Ruhr | Postfach 10 22 51 | 45422 Mülheim an der Ruhr | www.verlagruhr.de

Lügen-ABC

Lügen-ABC

A wie *Ausrede*

B wie _____

C wie _____

D wie _____

E wie _____

F wie _____

G wie _____

H wie _____

I wie _____

J wie _____

K wie _____

L wie _____

M wie _____

N wie _____

O wie _____

P wie _____

Q wie _____

R wie _____

S wie _____

T wie _____

U wie _____

V wie _____

W wie _____

X wie _____

Y wie _____

Z wie _____

Wahrheits-ABC

A wie _____

B wie _____

C wie _____

D wie _____

E wie _____

F wie _____

G wie _____

H wie _____

I wie _____

J wie _____

K wie _____

L wie _____

M wie _____

N wie _____

O wie _____

P wie _____

Q wie _____

R wie _____

S wie _____

T wie _____

U wie _____

V wie _____

W wie *Wahrheit*

X wie _____

Y wie _____

Z wie _____

1. Vervollständige das „Lügen-ABC".
2. Schreibe daneben auch ein „Wahrheits-ABC" auf und überlege, welche Buchstaben für dich unverzichtbar sind – links wie rechts!
3. Wann findest du Lügen akzeptabel?

72

9. Gebot

Du sollst nicht nach dem **Haus deines Nächsten** verlangen

Das Wort, auf das es im 9. wie auch 10. Gebot vor allem ankommt, wird sehr unterschiedlich übersetzt.: **„verlangen", „begehren"** oder wie es in älterer Übersetzungen heißt, **„gelüsten".**

Dabei sind alle drei Begriffe problematisch, weil bei ihnen zuallererst ein neidisches „Haben wollen" anklingt. Das trifft aber nicht den vollen ursprünglichen Sinn des Wortes.

Das „Sich etwas nehmen" sollte mit diesem Gebot viel konkreter verboten werden, denn das war in der **nomadischen Anfangszeit Israels** ganz wichtig: Nomaden haben keine Häuser, sondern nur Zelte, die sie während der Regenzeit schützten. Wenn nun das Gebot von „dem Haus deines Nächsten" spricht, so steht der Ausdruck **„Haus" stellvertretend für allen Besitz.**

Folgende Gewohnheit macht klar, wie bedeutend es für die Nomaden war, dass niemand einfach etwas von ihrem „Haus" wegnahm: Im Frühjahr hingen sie ihre Zelte mit allem, was dazu gehörte, in die Bäume und zogen mit ihren Kleinviehherden los, um fruchtbare Böden in der Wüste zu finden. Monate später, zu Beginn der Regenzeit, war es für sie überlebensnotwendig, dass sie ihre Zelte wieder am gleichen Ort vorfanden. Denn nur so konnten sie den kalten Winter überstehen.

Diese Tradition gibt es bis heute. Deshalb würde auch **nie ein Nomade fremdes Eigentum nehmen**, das in einem Baum hängt. Ganz anders ist das leider bei manchen Touristen, die gern einen Streifen von den Zelten als Souvenir abreißen.

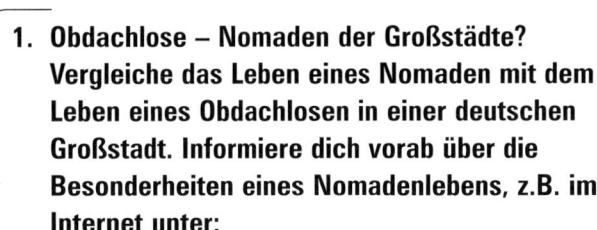

1. **Obdachlose – Nomaden der Großstädte? Vergleiche das Leben eines Nomaden mit dem Leben eines Obdachlosen in einer deutschen Großstadt. Informiere dich vorab über die Besonderheiten eines Nomadenlebens, z.B. im Internet unter:**
   - **www.sinai-bedouin.com/online/new2/ nomaden.htm**
   - **www.gfbv.it/3dossier/asia/tuwa/tuwa.html**
2. **Viele Obdachlose wollen nicht mehr zurück ins „normale" Leben: Einige haben sich ganz bewusst für die „Platte" entschieden. Kannst du dir vorstellen warum?**
3. **Auch Jugendliche entscheiden sich manchmal für ein Aussteigerleben. Kannst du dir Gründe dafür vorstellen? Wie wichtig ist es dir selbst, ein Dach über dem Kopf zu haben?**

© Verlag an der Ruhr | Postfach 10 22 51 | 45422 Mülheim an der Ruhr | **www.verlagruhr.de**

Neid

Neid ist ein Gefühl, das jeder kennt. Aber was ist eigentlich Neid? Schreibe eine Definition. Vielleicht können dir die folgenden Aussagen dabei helfen.

> Ich bin neidisch auf meinen Bruder.
> Er ist der Tolle und ich bin der Looser.
> Er ist gut in der Schule, spielt Tennis
> und hat Erfolg bei den Mädchen ... und ich?
> Ich kann gar nichts.

■ Dennis, 12 Jahre

> Der Olli, unser Stürmer,
> ist ein richtig cooler Spieler. Der wird
> bestimmt mal so ein Superstar wie Ronaldo und
> verdient dann ohne Ende Kohle. Außerdem fliegen
> dann auch die Frauen auf dich, wenn du reich
> und erfolgreich bist.
> Auf den bin ich echt neidisch.

■ Tarkan, 16 Jahre

> Die Eltern von meiner Freundin haben
> richtig viel Kohle. Sie bekommt alles, was sie will:
> die neusten Klamotten, das geilste Handy und
> die teuersten DVDs und Computerspiele.
> Ich würde auch gern reich sein!

■ Jenni, 15 Jahre

Das 9. und das 10. Gebot wollen die Menschen von ihren Neidgefühlen befreien, damit sie ihre eigenen Fähigkeiten und Möglichkeiten besser wahrnehmen und umsetzen.

1. **In welchen Situationen entsteht Neid und welche Gefühle sind damit verbunden?**
2. **Welche unterschiedlichen Ursachen kann Neid haben und was können die Folgen sein?**

„Wir leben heute in einer „Neidgesellschaft": Jeder ist auf irgendjemanden neidisch: auf die Fußballer mit ihren Millionen, die Politiker mit ihren hohen Diäten, die Beamten, die nicht arbeiten und die Ausländer, die auf unsere Kosten leben. Auch unser Wirtschaftssystem basiert auf Neid: Kapitalismus und Wettbewerb beruhen darauf, dass jeder so viel haben will wie der andere." — Andreas, 25 Jahre, Student

3. **Was denkst du über diese Aussage?**
4. **Auch die Werbung nutzt Neid für ihre Zwecke: „Mein Haus, meine Frau, mein Auto, meine Yacht ..." Ist das nicht das Motto, um das sich heute alles dreht?**

74

Die 10 Gebote
heute

Abzocken

Abzocken ist cool?!

Köln-Ehrenfeld, morgens um 7.30 Uhr. Valentin, 12 Jahre, ist auf dem Weg zur Schule. Auf dem Kopf trägt er die neue Mütze vom 1. FC Köln, seinem Verein, und um den Hals hat er lässig den FC-Schal geschwungen.

An einer belebten Straße kurz vor der Schule warten zwei ältere Schüler.

Die beiden nähern sich Valentin und fordern ihn auf, Mütze und Schal rauszurücken. Sie sind größer und stärker, doch Valentin lässt sich nicht einschüchtern. Als er sich wehrt, boxt ihm der eine in den Magen. Valentin wird schwarz vor Augen und er fällt hin.

Der andere Jugendliche droht mit weiteren Schlägen und zückt ein Klappmesser. Vorbeieilende Passanten wenden schnell den Blick ab. Die beiden Schüler schnappen sich Mütze und Schal und fuchteln mit dem Klappmesser vor Valentins Gesicht herum. Sie drohen, ihn abzumetzeln, falls er die beiden verpfeift.
Dann verschwinden sie mit ihrer Beute.

Valentin rappelt sich auf und geht zur Schule.
Er hat Angst. Er sitzt im Klassenraum und schwitzt. Der Unterricht geht an ihm vorbei.
Der Lehrer tadelt ihn mehrmals, weil er nicht am Unterricht teilnimmt.
Zu Hause erzählt er, dass Mütze und Schal in der Pause gestohlen wurden. Wer es war, will er nicht sagen.

mit freundl. Genehmigung der Landeszentrale für politische Bildung in Baden-Württemberg

Prügelei auf dem Schulhof

Abzocken – kein Kavaliersdelikt!

Wenn jemand einem anderen etwas abzockt, dann ist das **Raub**. Die Strafen reichen von **Geldstrafen bis zu Haftstrafen** bei Wiederholungstätern. Wenn ein Täter jemandem dabei zusätzlich Gewalt androht oder ihn verletzt, um etwas zu bekommen, so handelt es sich um Raub oder **räuberische Erpressung**. Das Gesetz schreibt hierfür eine Mindeststrafe von einem Jahr vor, da es sich dabei um eine **Gewaltstraftat** handelt. Allein die Drohung reicht aus, um den Tatbestand zu erfüllen. Dabei ist es irrelevant, ob es sich bei dem zu erpressenden Objekt um eine Dose Cola, eine Jacke oder Geld handelt. Die Tatausführung allein ist entscheidend. Dieses ist den Tätern meistens nicht bewusst. Das Abzocken wird als ein **Kavaliersdelikt** angesehen, was für die Täter bei einem Verfahren vor Gericht, ein „böses Erwachen" gibt.

1. **Wie könnte die Geschichte von Valentin weitergehen? Schreibe die Geschichte zu Ende.**

2. **Wie verhältst du dich, wenn du von einer Gruppe von Abzockern bedroht wirst? Was kannst du tun, wenn du abgezockt worden bist oder Abzocker beobachtet hast? Sammelt alle Vorschläge und vergleicht sie mit den Hinweisen der Polizei. Ihr findet sie unter www.polizei-gt.de/abzocken.html**

Die 10 Gebote heute

Ich **will** alles!

... und dann?

_____

_____

_____

_____

_____

_____

1. Fülle den Antwortkasten aus.
2. Sicher verwenden Menschen diesen Aufkleber nicht nur „aus reinem Spaß", sondern sagen damit auch etwas über ihre Lebenseinstellung aus. Welche Lebenseinstellung verbirgt sich hinter diesem Spruch? Kannst du dich mit ihr identifizieren?

3. Wie könnte das Leben eines Menschen aussehen, der diesen Spruch zu seinem Motto macht. Entwirf den fiktiven Lebenslauf einer solchen Person.
4. Gestalte einen „Gegen-Aufkleber".

Die 10 Gebote heute

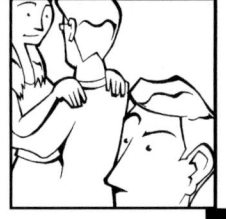

10. Gebot

Du sollst nicht nach der Frau deines Nächsten verlangen, nach **seinem Sklaven** oder **seiner Sklavin**, **seinem Vieh** oder nach **irgendetwas**, was sein ist

Der **Gott** der Bibel gilt als Schöpfer und Herr der **Welt** und damit auch als ihr **Eigentümer**. Die Menschen erhalten ihr Land lediglich als Leihgabe, denn es gehört Gott und sie sind „nur Fremde und Halbbürger" bei ihm *(Lev 25,23)*.

Eigentum, das als Leihgabe und nicht als eigener Besitz verstanden wird, ist aber in einem noch stärkeren Maße schützenswert. Dazu fordern mehrere der 10 Gebote auf:

▶ Das 6. Gebot, das ursprünglich besagte, dass eine verheiratete Frau nicht von einem anderen Mann in Besitz genommen werden oder aus eigenem Antrieb fremdgehen darf.

▶ Das 7. Gebot, das ursprünglich besagte, dass ein Mann nicht einen anderen freien Mann rauben und versklaven darf.

▶ Das 9. Gebot, das ursprünglich besagte, dass niemand des anderen Besitz wegnehmen darf.

Das 10. Gebot fasst noch einmal zusammen und präzisiert: Du darfst deinem Nächsten nicht sein Eigentum wegnehmen, nicht seine Frau, nicht seinen Sklaven oder seine Sklavin, nicht sein Vieh, nicht irgendetwas, was ihm gehört.

Heute spielt das Eigentum eine ganz andere Rolle als zur Zeit des Alten Testaments. Eigentum treibt die Menschen an, nach immer mehr wirtschaftlicher und politischer Macht zu streben. Es ist oft **abstrakt** und **wenig konkret**: Aktien und ihr Kursverfall können mit einem Schlag Tausende Menschen in die Armut treiben. In den wohlhabenden Industrienationen verhungern heute kaum noch Menschen, weil ihnen etwas gestohlen wurde. Das **lebensnotwendige Habenmüssen** ist oft zu einer Gier nach immer noch mehr Habenwollen geworden. Die **unersättliche Gier** nach dem, was der andere hat und ich nicht habe, kann auf Dauer eine Gemeinschaft zerstören. Im kleinen Familienkreis, wie im großen in der Gesellschaft.

1. **Was braucht ihr wirklich und was ist nur purer Luxus? Tauscht eure Erfahrungen untereinander aus. Verzichtet eine Woche auf alles Überflüssige in eurem Leben.**
   Vergleicht nun eure Vermutungen mit den Ergebnissen der „Verzichtwoche". Worauf konntet ihr verzichten und worauf nicht?
2. **Wo findest du heute noch ein „lebensnotwendiges Habenmüssen" und wo eine Gier nach immer noch mehr „Habenwollen"? Stelle den Kontrast auf einem Plakat da.**

Die 10 Gebote heute

Ich will **Spaß!**

„Ich will feiern!"

— Parole auf der
Loveparade 2000

„Lass dich nicht
gelüsten!"

aus einem 1950 erschienen theologischen Kommentar zum 10. Gebot

Das 10. Gebot

Lass dich nicht gelüsten deines Nächsten Hauses.
Lass dich nicht gelüsten deines Nächsten Weibes,
noch seines Knechtes noch seiner Magd, noch seines
Ochsen, noch seines Esels, noch alles, was dein
Nächster hat (...).

Das zehnte Gebot deckt uns (...) besonders eindring-
lich unseren Zustand auf, zeigt uns unsere Gebunden-
heit, gibt uns einen besonderen Einblick ins Sklavenhaus, in dem wir wohnen (...), dass es nämlich im
Haus des Menschen schließlich auch noch einen
Keller gibt. Damit, dass Gott hier sagt: *„Lass dich
nicht gelüsten",* wird es nötig, einen Augenblick in
den Keller hinunterzusteigen, in den Seelenkeller (...).
Zwar ist die Seele ein Ganzes; aber man nimmt in ihr
verschiedene Schichten an: Das helle Tagesbewusst-
sein, darunter die Schicht des Unterbewussten, und
darunter noch einmal ein weiter Raum, der nicht hohl
und leer ist, wo sich das Unbewusste befindet, ja
ganz zuunterst, gleich einem geheimnisvollen Boden-
satz, das Unbewusst-Kollektive, das Inhalte aus
fernen Zeiten und fernen Orten enthält, weit übers
persönliche Erfahrbare hinaus. In diesen Seelenkeller,
in diesen unteren Raum hinunter führt uns nun der

liebe Gott, wenn er uns heute zuruft: *„Lass dich nicht
gelüsten!"* (...) damit fordert uns Gott ohne Zweifel
(...) zum Maßhalten auf, zur Selbstbeherrschung. Wir
sollen uns nicht einfach ausleben, sondern den Kampf
zwar nicht gegen unsere gottgeschenkten Triebe,
wohl aber gegen deren Unersättlichkeit, tapfer und
fröhlich aufnehmen (...). Dabei ist das Gebot, sich
nicht gelüsten zu lassen, wahrhaftig nicht nur zum
Schutze des Nächsten gesagt, sondern wahrhaftig
nicht weniger zum Wohle des eigenen Ich. Denn das
weiß heute (nach vorübergehenden, gewissen Verir-
rungen) auch die moderne Seelenlehre, dass es kaum
etwas Schädlicheres, Konfliktgeladeneres und Selbst-
zerrstörerischeres gibt als ein schrankenloses Sichausleben (...). Kein Bergbewohner lässt je seinen
Schlitten in Schuss geraten, lieber fährt er langsam;
der Schlitten könnte sonst über die Flur hinaus in den
Abgrund treiben. So meint es Gott wahrhaftig gut mit
uns, wenn er uns in diesem letzten Gebot noch zuruft:
Fahr sachte! Sei vernünftig! *„Lass dich nicht gelüsten."*

— *Auszüge aus: Walter Lüthi: Die Zehn Gebote Gottes.*
Ausgelegt für die Gemeinde, Basel 1950, S. 215–222

1. **Sind die Ansichten von Walter Lüthi heute
   noch aktuell? Ist ein „schrankenloses
   Sichausleben" selbstzerstörerisch?**
2. **Wonach „gelüstet" es dich? Wie weit gehst
   du dabei? Wo liegen deine persönlichen
   Grenzen?**
3. **Schreibe einen Leserbrief zu diesem Auszug
   aus dem theologischen Kommentar.**

Macht euch keine Sorgen

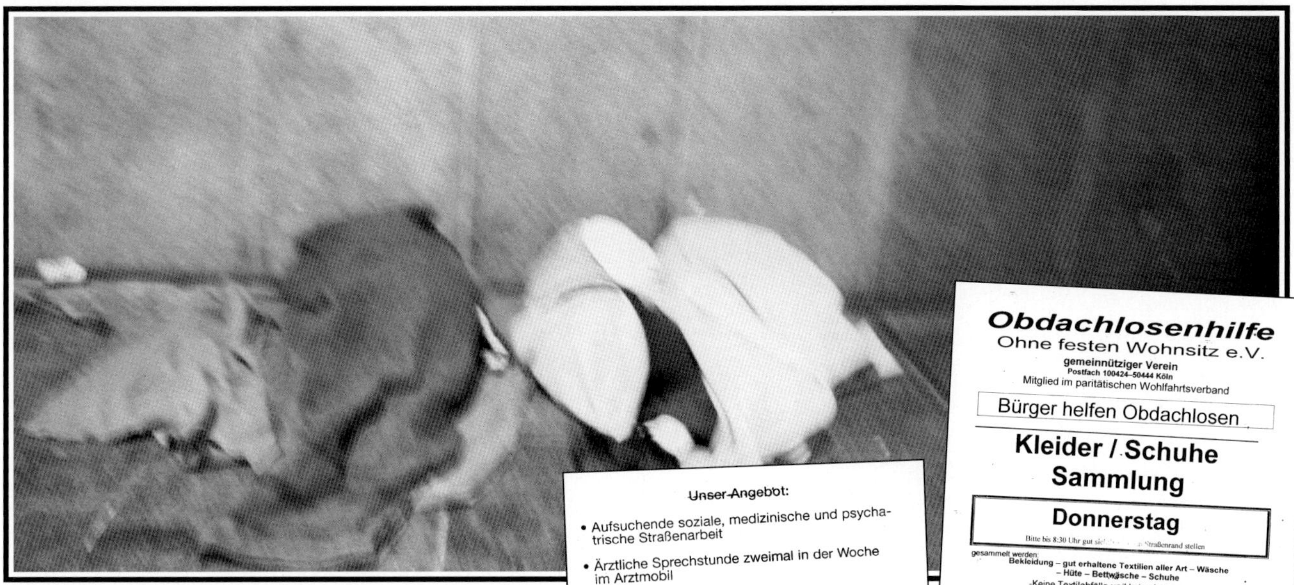

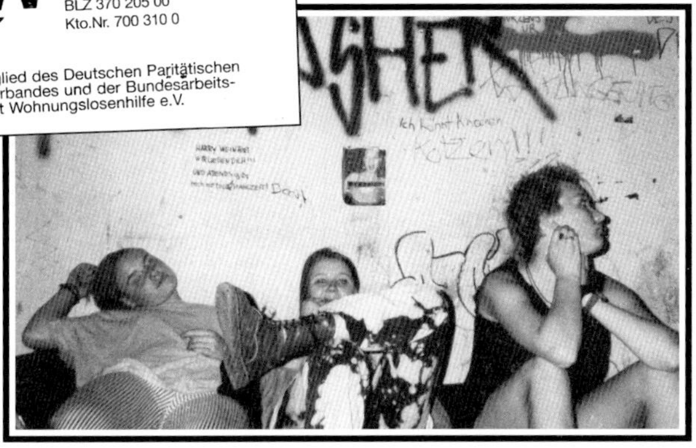

In der Bergpredigt sagt Jesus nach der Überlieferung des Evangelisten Matthäus:

Sorgt euch nicht um euer Leben und darum, dass ihr etwas zu essen habt, noch um euren Körper und darum, dass ihr etwas anzuziehen habt. Ist nicht das Leben wichtiger als das Essen und der Körper wichtiger als die Kleidung? Seht euch die Vögel des Himmels an: Sie säen nicht, sie ernten nicht und sammeln keine Vorräte in Scheunen; euer himmlischer Vater ernährt sie trotzdem. Seid ihr nicht viel mehr wert als sie? Wer von euch kann mit all seiner Sorge sein Leben auch nur um eine kleine Zeitspanne verlängern? Und was sorgt ihr euch um eure Kleidung? Lernt von den Lilien, die auf dem Feld wachsen: Sie arbeiten nicht und machen sich keine Kleider. Doch ich sage euch: Selbst der König Salomo war in all seiner Pracht nicht gekleidet wie eine von ihnen. Wenn aber Gott schon das Gras so prächtig kleidet, das heute auf dem Feld steht und morgen ins Feuer geworfen wird, wie viel mehr dann euch, ihr Kleingläubigen! Macht euch keine Sorgen und fragt nicht: Was sollen wir essen? Was sollen wir trinken? Was sollen wir anziehen? Denn um all das geht es den Ungläubigen. Euer himmlischer Vater weiß, was ihr alles braucht. Euch aber muss es zuerst um sein Reich und um seine Gerechtigkeit gehen; dann wird euch alles andere dazugegeben.

— nach Mt 6, 25–33

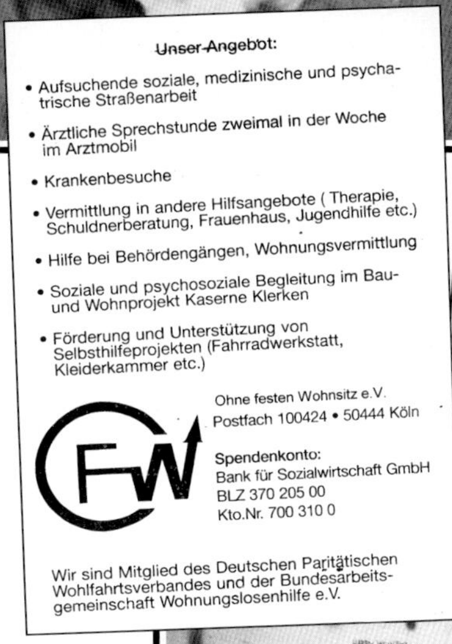

Unser Angebot:

- Aufsuchende soziale, medizinische und psychatrische Straßenarbeit
- Ärztliche Sprechstunde zweimal in der Woche im Arztmobil
- Krankenbesuche
- Vermittlung in andere Hilfsangebote (Therapie, Schuldnerberatung, Frauenhaus, Jugendhilfe etc.)
- Hilfe bei Behördengängen, Wohnungsvermittlung
- Soziale und psychosoziale Begleitung im Bau- und Wohnprojekt Kaserne Klerken
- Förderung und Unterstützung von Selbsthilfeprojekten (Fahrradwerkstatt, Kleiderkammer etc.)

Ohne festen Wohnsitz e.V.
Postfach 100424 • 50444 Köln

Spendenkonto:
Bank für Sozialwirtschaft GmbH
BLZ 370 205 00
Kto.Nr. 700 310 0

Wir sind Mitglied des Deutschen Paritätischen Wohlfahrtsverbandes und der Bundesarbeitsgemeinschaft Wohnungslosenhilfe e.V.

Obdachlosenhilfe
Ohne festen Wohnsitz e.V.
gemeinnütziger Verein
Postfach 100424–50444 Köln
Mitglied im paritätischen Wohlfahrtsverband

Bürger helfen Obdachlosen

Kleider / Schuhe Sammlung

Donnerstag

Bitte bis 8.30 Uhr gut sichtbar an den Straßenrand stellen

gesammelt werden:
Bekleidung – gut erhaltene Textilien aller Art – Wäsche – Hüte – Bettwäsche – Schuhe
–Keine Textilabfälle und keine Lumpen–

Für Ihre Hilfe und Geldspenden bedanken wir uns recht herzlich
Obdachlosenhilfe ohne fest Wohnsitz e.V
Spendenkonto:
BLZ 370 205 00 – Kto.Nr.: 700 310 0

Achtung!

Die Weisungen Jesu lassen sich in einem Satz zusammenfassen: *„Meine Last ist leicht, deshalb geh deines Weges und lass los, was dich festhält."*

■ *„Macht euch keine Sorgen"* – ist das nicht eine naive Idylle? Wie könnte eine neue Gerechtigkeit konkret aussehen, sodass wirklich alle Menschen sagen „Macht euch keine Sorgen"? Verfasse eine feierliche Erklärung unter Berücksichtigung der 10 Gebote.

79

Die 10 Gebote heute

Deine 10 Gebote

Die 10 Anti-Gebote

1. Du sollst deine Idole verehren, sie feiern und für sie tanzen.
Du sollst Gott als alten Mann mit Bart in seiner Kirche sitzen lassen.
2. Du sollst dich immer dann auf Gott berufen, wenn es dir nützt.
3. Du sollst den Sonntag vergammeln.
4. Du sollst nie glauben, dass deine Alten Recht haben.
5. Du sollst alle mit deinem Joystick töten.
6. Du sollst dich früh an regelmäßige Partnerwechsel gewöhnen.
7. Du sollst dir krallen und abziehen was du für dein Outfit brauchst.
8. Du sollst nur schwören und andere verleumden, wenn es dir zum Vorteil gereicht.
9. Du sollst neidisch sein auf fremden Luxus.
10. Du sollst anderen ihre Freundin/ihren Freund ausspannen
und erst zufrieden sein, wenn du Krösus bist.

Verfasse selbst 10 Anti-Gebote.

1. _____

_____

2. _____

_____

3. _____

_____

4. _____

_____

5. _____

_____

6. _____

_____

7. _____

_____

8. _____

_____

9. _____

_____

10. _____

_____

■ **Wie lauten nun deine
eigenen, persönlichen
10 Gebote? Schreibt
sie zu Hause auf und
vergleicht sie dann
miteinander.**

**Die 10 Gebote
heute**

© Verlag an der Ruhr | Postfach 10 22 51 | 45422 Mülheim an der Ruhr | **www.verlagruhr.de**

Surftipps

- **www.ekd.de**
  Homepage der Evangelischen Kirche Deutschland

- **www.katholische-kirche.de**
  Homepage der Katholischen Kirche Deutschland

- **www.islam.de**
  Homepage des Zentralrats der Muslime in Deutschland

- **www.payer.de/islam/islam.htm**
  Die Webseiten bieten eine kurze religionswissenschaftliche Einführung in den Islam.

- **www.buddhismus-deutschland.de**
  Die buddhistische Union bildet den Dachverband der Buddhisten und buddhistischen Gemeinschaften in Deutschland. Auf den Seiten kann man sich grundsätzlich über die Person des Buddha, die buddhistische Lehre und die Geschichte des Buddhismus informieren. Gleichzeitig erläutert eine Rubrik häufig gestellte Fragen und gibt Tipps zu einführender Literatur.

- **www.payer.de/hinduismus/hindu01.htm**
  Umfassende Einführung in den Hinduismus

- **www.hagalil.com**
  Webseiten des Onlinedienstes Hagalil. Neben weltweiten Nachrichten findet man Grundlagen zum Judentum und zu Israel, man kann Hebräisch und Jiddisch lernen oder die beeindruckende Fotoausstellung besuchen.

- **www.greenpeace.de**
  Die Umweltschutzorganisation setzt sich seit 1971 für den Schutz der Lebensgrundlagen ein. Auf den Webseiten gibt's jede Menge Infos über die Arbeit von Greenpeace.

- **www.amnesty.de**
  amnesty international ist eine weltweite, unabhängige Organisation, die sich für den Schutz und die Einhaltung der Menschenrechte einsetzt. Die Webseiten informieren über die Arbeit von amnesty international weltweit.

- **www.tdh.de**
  terre des hommes Deutschland ist ein entwicklungspolitisches Kinderhilfswerk und fördert etwa 350 Projekte auf der ganzen Welt. Darunter sind Ausbildungsprojekte, Initiativen für Straßenkinder, arbeitende Kinder, Kinder in Prostitution und Flüchtlingskinder. Die Webseiten informieren über Kampagnen, Projekte und Hintergründe.

- **www.unicef.de**
  Das Kinderhilfswerk der Vereinten Nationen arbeitet auf der Grundlage der UN-Kinderrechtskonvention, die die 191 Mitgliedsstaaten verpflichtet, das Überleben der Kinder zu schützen, ihre Entwicklung zu fördern, sie vor Missbrauch und Gewalt zu schützen und sie an wichtigen Entscheidungen zu beteiligen.

- **www.tierschutzbund.de**
  Der Deutsche Tierschutzbund wurde im Jahre 1881 als Dachorganisation der Tierschutzvereine und Tierheime in Deutschland gegründet, um dem Missbrauch von Tieren wirksamer entgegentreten zu können. Er setzt sich u.a. für eine Forschung ohne Tierversuche ein.

- **www.bv-tierschutz.de**
  Der BUNDESVERBAND TIERSCHUTZ e.V. ist die zweitgrößte Tierschutz- Dachorganisation in Deutschland. Ihm gehören ca. 100 Tierschutzvereine und eine Vielzahl fördernder Einzelmitglieder an.

- **www.attac-netzwerk.de**
  Homepage des Anti-Globalisierungs-Netzwerks attac

- **www.ulindenberg.de**
  Webseiten des Künstlers Udo Lindenberg. Unter der Rubrik „art by Udo" findet man den Bilderzyklus „Die 10 Gebote".

- **www.unwortdesjahres.org**
  Webseiten der Aktion „Unwort des Jahres" mit Informationen zur Zusammensetzung der Jury und zur Wahl der Unwörter der letzten Jahre mit Begründungen.

Literatur

Verwendete Literatur

- Albertz, Heinrich (Hrsg.): **Die Zehn Gebote. Eine Reihe mit Gedanken und Texten.** Stuttgart 1988, nicht mehr lieferbar

- Bukowski, Peter u.a. (Hrsg.): **Reformierte Liturgie. Gebete und Ordnungen für die unter dem Wort versammelte Gemeinde.** Neukirchener Foedus Verlag 1999. ISBN 978-3-7887-1777-3

- **Der Koran.** Aus dem Arabischen übersetzt von Max Henning. Einleitung und Anmerkungen von Annemarie Schimmel. Reclam-Verlag 1991. ISBN 978-3-15-004206-9

- Korenhof, Mieke (Hrsg.): **Gehen. Scheidungs- und Trennungsliturgien.** Düsseldorf 1996

- **Deutsches Wörterbuch von Jakob und Wilhelm Grimm.** DTV Nachdruck 1999. ISBN 978-3-423-59045-7

- **Focus**, Nr. 50, 9.12. 2002

- Lüthi, Walter: **Die Zehn Gebote Gottes.** Ausgelegt für die Gemeinde. Basel 1950, nicht mehr lieferbar

- Pöhlmann, Horst Georg/Stern, Marc: **Die Zehn Gebote im jüdisch-christlichen Dialog. Ihr Sinn und ihre Bedeutung heute. Eine kleine Ethik.** Lembeck Verlag 2000. ISBN 978-3-87476-372-1.

- Zink, Jörg: **Neue Zehn Gebote.** Kreuz-Verlag 1997. ISBN 978-3-7831-1396-9

Literaturtipps

- Bauer, Jochen: **Konfliktstoff Kopftuch. Eine thematische Einführung in den Islam.** Verlag an der Ruhr 2001. ISBN 978-3-86072-614-3

- Ben-Chorin, Schalom: **Die Tafeln des Bundes.** Das Zehnwort vom Sinai, Tübingen 1979, nicht mehr lieferbar.

- Bever, H.-U./Dröpper, W./Brumann, U.: **Auf den Spuren unseres Glaubens. Die Bibel und ihre historischen Hintergründe.** Verlag an der Ruhr 1997. ISBN 978-3-86072-327-2

- Dommel, Christa: **Religionen kennen lernen: Christentum.** Verlag an der Ruhr 2001. ISBN 978-3-86072-610-5

- Egger, Peter: **Chancen im Wertechaos. Die 10 Gebote in unserer Zeit.** MM Verlag 1999. ISBN 978-3-928272-11-7

- Gornik, Herbert A. (Hrsg.): **Du sollst in Freiheit leben. Eine neue Dimension der Zehn Gebote.** 1986, nicht mehr lieferbar

- Hahn, Udo: **10 Gebote.** Gütersloher Verlagshaus 2000. ISBN 978-3-579-00680-2

- Imig, Magdalene: **Dir möchte ich vertrauen. Mit den Zehn Geboten sinnvoll leben.** Gütersloher Verlagshaus 2003. ISBN 978-3-579-03459-1

- Koch, Traugott: **Zehn Gebote für die Freiheit. Eine kleine Ethik.** Mohr-Verlag 1995. ISBN 978-3-16-146372-3

- Kieslowski, Krzysztof/Piesiewicz, Krzysztof: **Dekalog. Zehn Geschichten für zehn Filme.** Berlin 1997, nicht mehr lieferbar

- McCreery, Elaine: **Religionen kennen lernen: Judentum.** Verlag an der Ruhr 1998. ISBN 978-3-86072-339-5

- Meissner, Toni: **Moses, hol die Tafeln ab! Über den Verlust der alten Tugenden und unsere neue „Moral".** Stuttgart 1993, nicht mehr lieferbar

- Moorcroft, Christine: **Arbeitsblätter Islam. Weltanschauung und Moral.** Verlag an der Ruhr 2002 ISBN 978-3-86072-694-5

- Moorcroft, Christine: **Religionen kennen lernen: Islam.** Verlag an der Ruhr 1998. ISBN 978-3-86072-338-8

- Moorcroft, Christine: **Religionen kennen lernen: Hinduismus.** Verlag an der Ruhr 1998. ISBN 978-3-86072-370-8

- Prior, Lesley: **Religionen kennen lernen: Buddhismus.** Verlag an der Ruhr 1998. ISBN 978-3-86072-363-0

- Riepe, Regina; Riepe, Gerd: **Afrikanische Religionen. Projektmappe.** Verlag an der Ruhr 2000 ISBN 978-3-86072-568-9

- Schmidt, Susanna (Hrsg.): **Anstöße zum Glücklichsein: Was die Zehn Gebote heute bedeuten können.** Schwabenverlag 2000. ISBN 978-3-7966-1000-4

- Schwikart, Georg: **Die Zehn Gebote.** Gütersloher Verlagshaus 2003. ISBN 978-3-579-00856-1

© Verlag an der Ruhr | Postfach 10 22 51 | 45422 Mülheim an der Ruhr | **www.verlagruhr.de**

Verlag an der Ruhr

Glück – ein Projektbuch

Hintergründe, Perspektiven,
Denkanstöße

14–19 J., 112 S., A4, Pb., farbig
ISBN 978-3-8346-0510-8
Best.-Nr. 60510
21,80 € (D)/22,40 € (A)/38,20 CHF

**Wie soll ich mich
entscheiden?**

Dilemmageschichten mit
Arbeitsanregungen für Jugendliche

Kl. 5–10, 96 S., A4, Pb.
ISBN 978-3-8346-0511-5
Best.-Nr. 60511
19,50 € (D)/20,– € (A)/34,20 CHF

**Kann ICH die
Welt retten?**

verantwortungsvoll leben –
clever konsumieren

13–19 J., 114 S., A4, Pb.
ISBN 978-3-8346-0452-1
Best.-Nr. 60452
19,80 € (D)/20,35 € (A)/34,70 CHF

„Alle Juden sind ...“

50 Fragen zum Antisemitismus

Ab 14 J., 184 S., 16 x 23 cm,
Pb. , farbig
ISBN 978-3-8346-0408-8
Best.-Nr. 60408
19,50 € (D)/20,– € (A)/34,20 CHF

Aufsätze konkret

Tipps und Schreibanleitungen vom
Unfallbericht bis zum Zeitungsartikel

Kl. 7–11, 129 S., A4, Pb.
ISBN 978-3-8346-0457-6
Best.-Nr. 60457
19,80 € (D)/20,35 € (A)/34,70 CHF

**Aufsatzkorrekturen
fair und transparent**

Checklisten und Beurteilungshilfen

Kl. 5–10, 97 S., A4, Paperback mit CD-ROM
ISBN 978-3-8346-0328-9
Best.-Nr. 60328
19,80 € (D)/20,35 € (A)/34,70 CHF

**„Hab ich voll verpeilt,
Alter!“**

Alltagskommunikation trainieren
mit Jugendlichen

13–18 J., 120 S., A4, Pb.
ISBN 978-3-8346-0499-6
Best.-Nr. 60499
20,50 € (D)/21,10 € (A)/35,90 CHF

Foto-Kartei Sprachunterric

40 Bildimpulse fürs Sprechen,
Schreiben und szenische Spiel

Kl. 5–10, Spiralb. (40 farbige Karten, A5 quer,
perforiert + 30-seitiges Begleitmaterial)
ISBN 978-3-8346-0513-9
Best.-Nr. 60513
19,80 € (D)/20,35 € (A)/34,70 CHF

Ich – Du – Wir alle!

33 Spiele für soziales
Kompetenztraining

10–15 J., 88 S., 16 x 23 cm, Pb.
ISBN 978-3-8346-0569-6
Best.-Nr. 60569
12,80 € (D)/13,15 € (A)/23,– CHF

**Gewaltprävention
für Jugendliche**

Ein Trainingskurs für
Schule und Jugendarbeit

13–16 J., 66 S., 16 x 23 cm, Pb.
ISBN 978-3-8346-0595-5
Best.-Nr. 60595
11,80 € (D)/12,15 € (A)/21,30 CHF

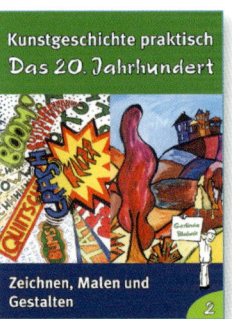

**Kunstgeschichte
praktisch – Das 20.
Jahrhundert**

Zeichnen, Malen und Gestalten

Kl. 7–10, , 83 S., Papph. (mit farbigen Abb.)
ISBN 978-3-8346-0386-9
Best.-Nr. 60386
19,50 € (D)/20,– € (A)/34,20 CHF

**Kunst mit dem,
was da ist**

Ideen für (un)geplante Kunststunden
Klasse 5–7

Kl. 5–7, , 96 S., 16 x 23 cm, Spiralb., farbig
ISBN 978-3-8346-0472-9
Best.-Nr. 60472
17,80 € (D)/18,30 € (A)/31,20 CHF